カラー版

重ね地図で読み解く京都1000年の歴史

谷川彰英 監修

宝島社新書

カラー版 重ね地図で読み解く京都1000年の歴史
目次

PART 4 伏見・宇治

PART 5
とっておきの京都

まえがき

京都の歴史を追体験する大人の修学旅行へ出かけよう

京都は日本の歴史をひもとく索引の街だと書いたことがある。一つ一つの神社仏閣、地名などからあらゆる日本史上の情報を得ることができる。これができるのが京都の魅力であり、特色である。

全国に歴史的由緒のある観光都市は多数あるが、そのほとんどは栄えた時代が限られている。大阪は古代から現代まで長い歴史をたどっているが、奈良となると基本的には奈良時代までの歴史が残されているということで、現代までの歴史の永続性は望めない。ましてや江戸・東京となると、せいぜい四〇〇年余りの歴史しか残されていないということになる。

京都が決定的に違うのは、一〇〇〇年にわたって都であり続けたという一点である。日本の歴史をどこからカウントするかで異なってくるものの、とてつもない長さであったことは事実だ。明治以降の東京が一五〇年首都であり続けたとはいっても、京都

下京の市街から見る東山連峰

右は八坂の塔、左上は京都最大の繁華街・京都河原町周辺、左下は銘菓として知られる八ツ橋。京都の楽しみ方は多様だ

はその七倍にも及ぶ長さである。

その長きにわたって京都に権力が集中し、応仁の乱に代表されるように、争乱は尽きることがなかった。一方では仏教など文化面でも大きな発展を遂げてきた。京都にはその痕跡がまるで狭い街のあちこちにダイヤのようにちりばめられている。現代に生きる私たちはそれらのダイヤから様々な情報を自由に引き出すことができる。

京都を訪れる人々のニーズは多様である。神社仏閣に参拝しようと考える人、古都の街並みを逍遥（しょうよう）してみたいと考える人、京の美味を楽し

『平治物語絵巻』大一軸、三条殿夜討の部分。京都は平安時代からくり返し戦火にさらされてきた　国立国会図書館所蔵

みたいと考える人など多様である。

　本書は京都の歴史を散策する人のために書かれた。京都の街を「御所周辺」「東山」「京都駅周辺」「伏見・宇治」「とっておきの京都」の五つのエリアに分け、それぞれの時代に合わせて歩いて学べるコースを設定し、そのコースに沿って解説を加えてある。

　エリアによっても異なってはくるが、おおよそ京都の歴史をたどると、「平安時代」「室町時代」「安土桃山時代」「江戸時代（幕末）」「明治時代」の層に分けられる。そのエリアに立ってみて、過去の時代ごとの歴史を

東からの京都の玄関口ともいえる五条大橋だが、じつは京都の変化を象徴する場所でもある。詳しくは本文で　©mariemon

「追体験」できるというのが、本書の最大の特長である。これまでこのような発想に立って編集された京都のガイドはなかったのではないか。

本書の企画の出発点は、「重ね地図で読み解く」という手法を取り入れようとしたことである。古地図の上に現代の地図を重ね合わせることによって、「過去」と「現代」の地点（ポイント）を一致させ、そこから時代の変遷を捉えることができるという趣向である。この二枚の地図の間にどのようなドラマがあったのかを推測するのが楽しい。

京都の歴史は深い。散策する人の

意識と知識が高まれば高まるほど、京都の歴史の華やかさと厳しさと激しさが体感できることだろう。ぜひ考えてみてほしいのは、人物を介して歴史を学んでほしいということである。桓武(かんむ)天皇がどんな思いでこの地に平安京を造営したのか。豊臣秀吉(とよとみひでよし)はなぜ京都の大改造をしたのか。さらには織田信長(おだのぶなが)や坂本龍馬(さかもとりょうま)など命を散らした人々の思いなどに触れることで、京都の深みが見えてくるに違いない。

つい最近のことだが、高校の同級会の一環として「大人の修学旅行」と称して京都を歩く試みをした。中学生や高校生レベルでは京都の魅力、とりわけ仏教思想の理解は難しい。やはりある程度年をとってから歩いて初めて京都の魅力に触れることができるというもの。

そんな読者のあなたに本書を片手に京都の街を散策いただけたら、この上の喜びはない。

二〇一八年五月二〇日

監修者 **谷川彰英**

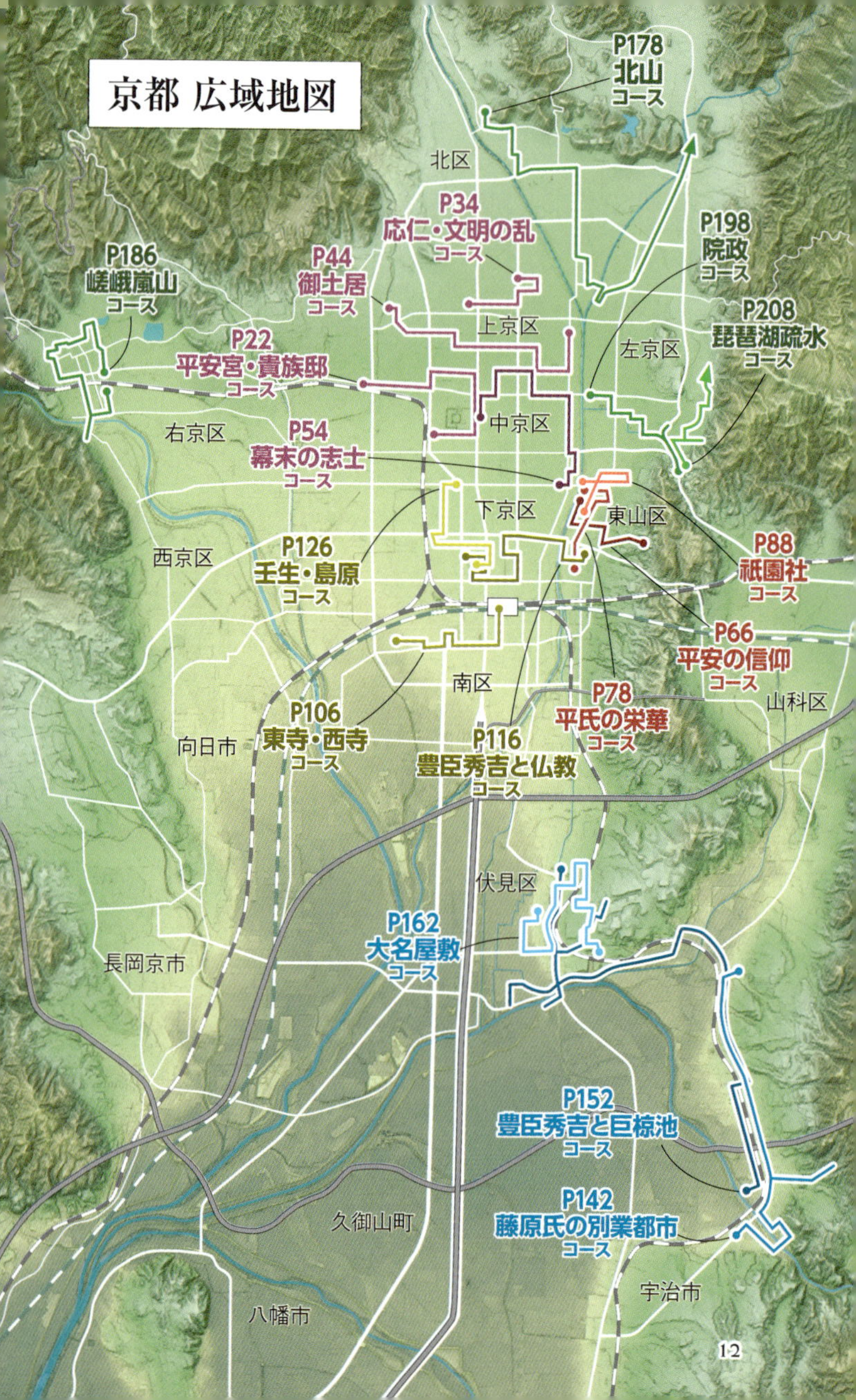

京都 広域地図
P178
北山
コース
北区
P34
応仁・文明の乱
コース
P198
院政
コース
P186
嵯峨嵐山
コース
P44
御土居
コース
上京区
P208
琵琶湖疏水
コース
P22
平安宮・貴族邸
コース
左京区
中京区
右京区
P54
幕末の志士
コース
下京区
東山区
西京区
P126
壬生・島原
コース
P88
祇園社
コース
P66
平安の信仰
コース
南区
P78
平氏の栄華
コース
山科区
P106
東寺・西寺
コース
向日市
P116
豊臣秀吉と仏教
コース
伏見区
P162
大名屋敷
コース
長岡京市
P152
豊臣秀吉と巨椋池
コース
P142
藤原氏の別業都市
コース
久御山町
宇治市
八幡市

京都 洛中地図

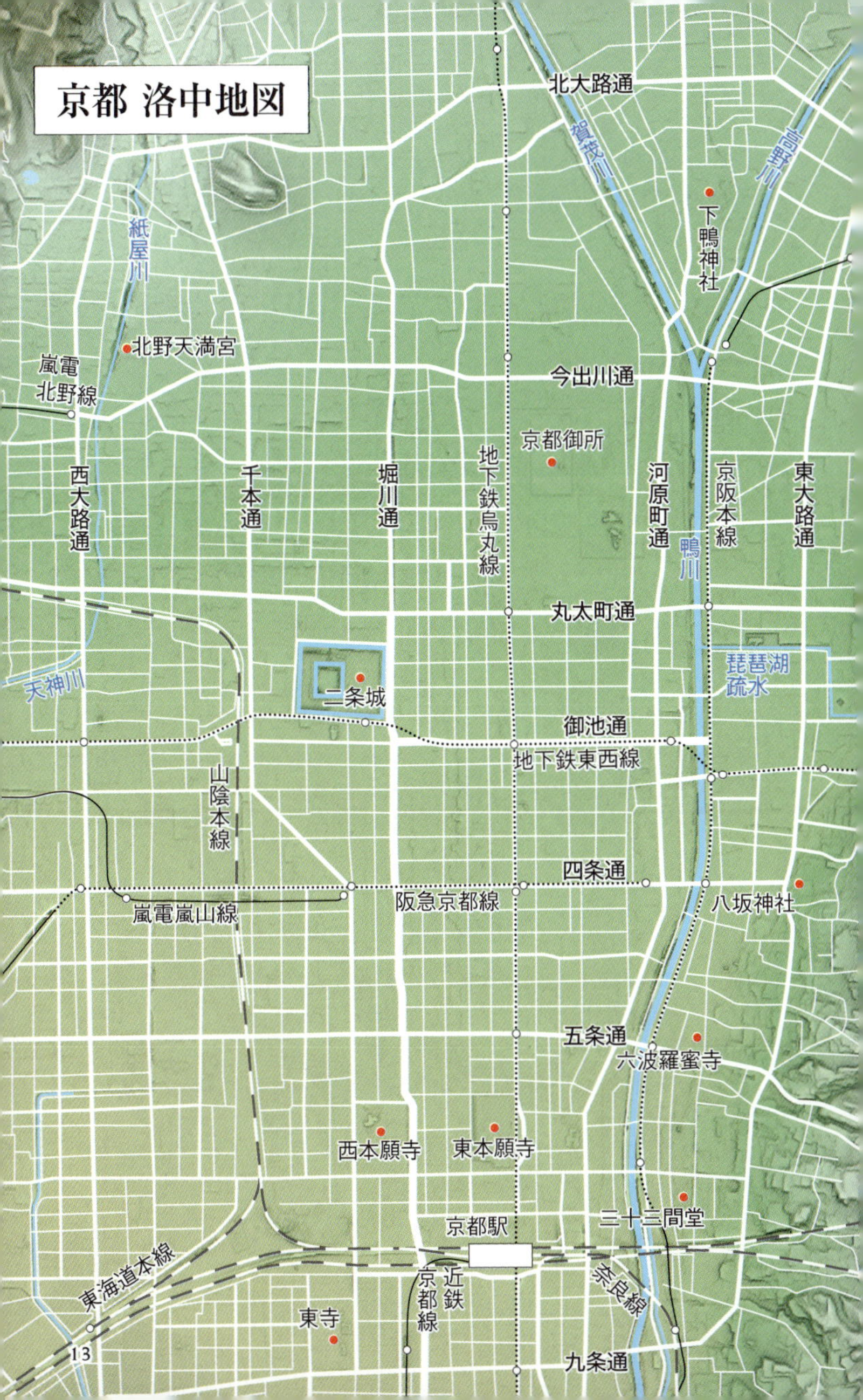

北大路通
賀茂川
高野川
下鴨神社
紙屋川
北野天満宮
嵐電北野線
今出川通
京都御所
西大路通
千本通
堀川通
地下鉄烏丸線
河原町通
京阪本線
東大路通
鴨川
丸太町通
琵琶湖疏水
天神川
二条城
御池通
地下鉄東西線
山陰本線
四条通
阪急京都線
嵐電嵐山線
八坂神社
五条通
六波羅蜜寺
西本願寺
東本願寺
三十三間堂
京都駅
東海道本線
近鉄京都線
奈良線
東寺
九条通

■ 地図の見方・備考

◇ 土地利用

公家・貴族などの邸宅

武家の邸宅

寺社

官営施設など

平安宮

一般家屋・その他・不明

◇ 各時代の地図について

※『京都古圖』明治９年（1876）成立、『中古京師内外地図』寛延３年（1750）、『改正京町御絵図細見大成』慶応4年（1868）成立などの古地図に加え、『京都歴史アトラス』足利健亮 編（中央公論社）、『平安大事典』倉田実 編（朝日新聞出版）、『豊臣秀吉と京都』日本史研究会 編（図書出版文理閣）などの書籍、ならびに発掘調査報告書を参考に製作しています。

※煩雑さを回避するために簡略化している部分があります。

※2018年5月現在の情報に基づいて製作しており、新発見などにより情報が古くなる場合があります。

※建物の位置などについては諸説ある場合があります。

◇ 散策コースについて

※テーマを重視しているため、実際に歩くのは一部困難な場合があります。

※煩雑さを回避するため、本来は存在する道を省略している部分があります。

※2018年5月現在の情報に基づいて提案しており、見学不可能になる場合もあります。

PART 1
御所周辺

京都御所の御内庭
©Kyoto Picture

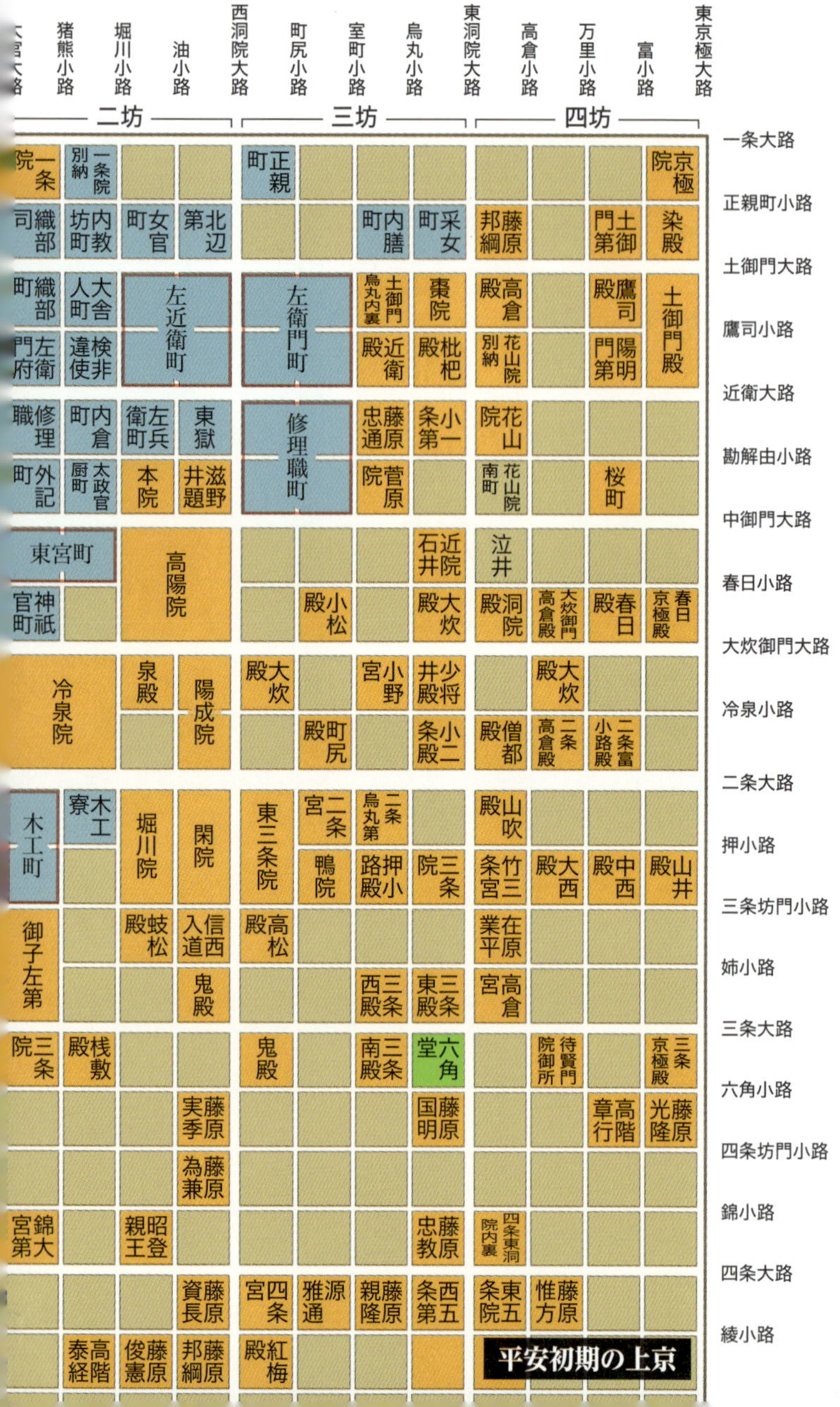
平安初期の上京
猪熊小路
堀川小路
油小路
西洞院大路
町尻小路
室町小路
烏丸小路
東洞院大路
高倉小路
万里小路
富小路
東京極大路
二坊
三坊
四坊
一条大路
正親町小路
土御門大路
鷹司小路
近衛大路
勘解由小路
中御門大路
春日小路
大炊御門大路
冷泉小路
二条大路
押小路
三条坊門小路
姉小路
三条大路
六角小路
四条坊門小路
錦小路
四条大路
綾小路
一条院
一条院別納
正親町
京極院
織部司
内教坊町
女官町
北辺第
内膳町
采女町
藤原邦綱
土御門第
染殿
織部町
大舎人町
左近衛町
左衛門町
土御門烏丸内裏
棗院
高倉殿
鷹司殿
土御門殿
左衛門府
検非違使
近衛殿
枇杷殿
花山院別納
陽明門第
修理職
内倉町
左兵衛町
東獄
修理職町
藤原忠通
小一条第
花山院
外記町
太政官厨町
本院
滋野井題
菅原院
花山院南町
桜町
東宮町
高陽院
近院石井
泣井
神祇官町
小松殿
大炊殿
洞院殿
大炊御門高倉殿
春日殿
春日京極殿
冷泉院
泉殿
陽成院
大炊殿
小野宮
少将井殿
大炊殿
町尻殿
小二条殿
僧都殿
二条高倉殿
二条富小路殿
木工町
木工寮
堀川院
閑院
東三条院
二条宮
二条烏丸第
山吹殿
鴨院
押小路殿
三条院
竹三条宮
大西殿
中西殿
山井殿
御子左第
蛭松殿
信西入道
高松殿
在原業平
鬼殿
三条西殿
三条東殿
高倉宮
三条院
桟敷殿
鬼殿
三条南殿
六角堂
待賢門院御所
三条京極殿
藤原実季
藤原国明
高階章行
藤原光隆
藤原為兼
錦大宮第
昭登親王
藤原忠教
四条東洞院内裏
藤原資長
四条宮
源雅通
藤原親隆
西五条第
東五条院
藤原惟方
高階泰経
藤原俊憲
藤原邦綱
紅梅殿

上京区
中京区
今出川通
西陣織会館
烏丸通
中立売通
府民ホール
京都御所
地下鉄烏丸線
清浄華院
梨木神社
京都迎賓館
大宮御所
仙洞御所
京都府立医科大
京都府立文化芸術会館
慶光天皇陵
御土居
鴨川公園
室町通
油小路通
護王神社
府庁
伊藤仁斎宅（古義堂）跡ならびに書庫
平安女学院大
丸太町通
丸太町駅
河原町通
寺町通
麩屋町通
東洞院通
西洞院通
新町通
堀川通
二条通
二条城（二条離宮）
二条城二之丸庭園（特）
御池通
地下鉄東西線
高瀬川一之船入
烏丸御池駅
京都市役所前駅
本能寺
二条城前駅
猪熊通
三条通
柳馬場通
高倉通
六角堂
六角通
男女共同参画センター
蛸薬師通
錦小路通
烏丸駅
四条通
河原町駅
池坊短大
四条駅
大宮駅
綾小路通
仏光寺通

上京区
西陣織会館
今出川通
烏丸通
立売通
油小路通
室町通
府民ホール
地下鉄烏丸線
京都御所
清浄華院
慶光天皇陵
鴨川公園
梨木神社
御土居
京都府立医科大
京都迎賓館
大宮御所
仙洞御所
文化芸術会館
護王神社
府庁
伊藤仁斎宅（古義堂）跡ならびに書庫
平安女学院大
丸太町通
丸太町駅
河原町通
堀川通
西洞院通
東洞院通
麩屋町通
寺町通
二条通
新町通
離宮（二条城）
二条城二之丸庭園（特）
地下鉄東西線
御池通
高瀬川一之船入
烏丸御池駅
二条城前駅
中京区
本能寺
京都市役所前駅
三条通
猪熊通
高倉通
柳馬場通
六角通
六角堂
男女共同参画センター
蛸薬師通
錦小路通
烏丸駅
四条通
大宮駅
池坊短大
四条駅
河原町駅
綾小路通
仏光寺通

北野
総合支援学校
北野白梅町駅
500m
1km
会館
西大路通
大将軍
54
京都府立医科大
体育館
55
仁和寺通
千本通
通
下立売通
丸太町通
45
44
円町駅
天神通
御前通
平安宮豊楽殿跡
聚楽廻
花園大
天神川
京都気象台
西ノ京
御土居
中京区
御池通
35
二条駅
神泉苑
佛教大
立命館大
35
西大路御池駅
32
三条通
六角通
西大路三条駅
壬生
阪急京都線
京福電鉄嵐山本線
西院駅
西院駅
西

総合支援学校
北野
北野白梅町駅
会館
1km
500m
西大路通
大将軍
京都府立医科大
体育館
千本通
仁和寺通
下立売通
丸太町通
聚楽廻
平安宮豊楽殿跡
円町駅
御前通
天神通
大園花
天神川
京都気象台
西ノ京
中京区
御土居
御池通
旧
神泉苑
二条駅
佛教大
立命館大
西大路御池駅
三条通
六角通
西大路三条駅
壬生
阪急京都線
京福電鉄嵐山本線
西院駅
西

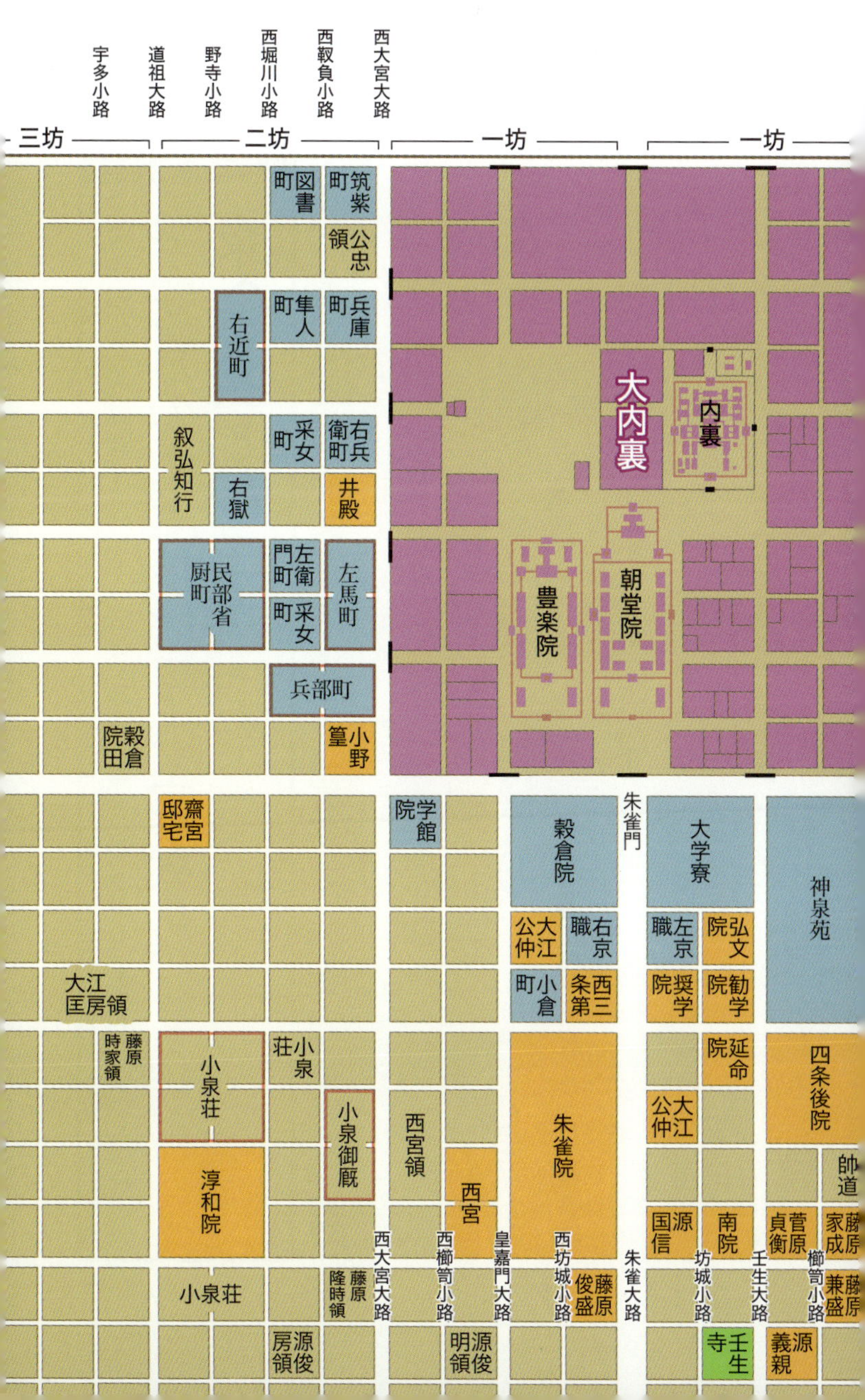

宇多小路
道祖大路
野寺小路
西堀川小路
西靫負小路
西大宮大路
三坊
二坊
一坊
一坊
図書町
筑紫町
公忠領
右近町
隼人町
兵庫町
叙弘知行
采女町
右兵衛町
右獄
井殿
大内裏
内裏
民部省厨町
左衛門町
采女町
左馬町
豊楽院
朝堂院
兵部町
穀倉院田
小野篁
齋宮邸宅
学館院
穀倉院
朱雀門
大学寮
神泉苑
大江公仲
右京職
左京職
弘文院
小倉町
西三条第
奨学院
勧学院
大江匡房領
藤原時家領
小泉荘
小泉荘
延命院
四条後院
小泉御厩
西宮領
朱雀院
大江公仲
淳和院
西宮
帥道
源国信
南院
菅原貞衡
藤原家成
小泉荘
藤原隆時領
西大宮大路
西櫛笥小路
皇嘉門大路
西坊城小路
藤原俊盛
朱雀大路
坊城小路
壬生大路
櫛笥小路
藤原兼盛
源俊房領
源俊明領
壬生寺
源義親

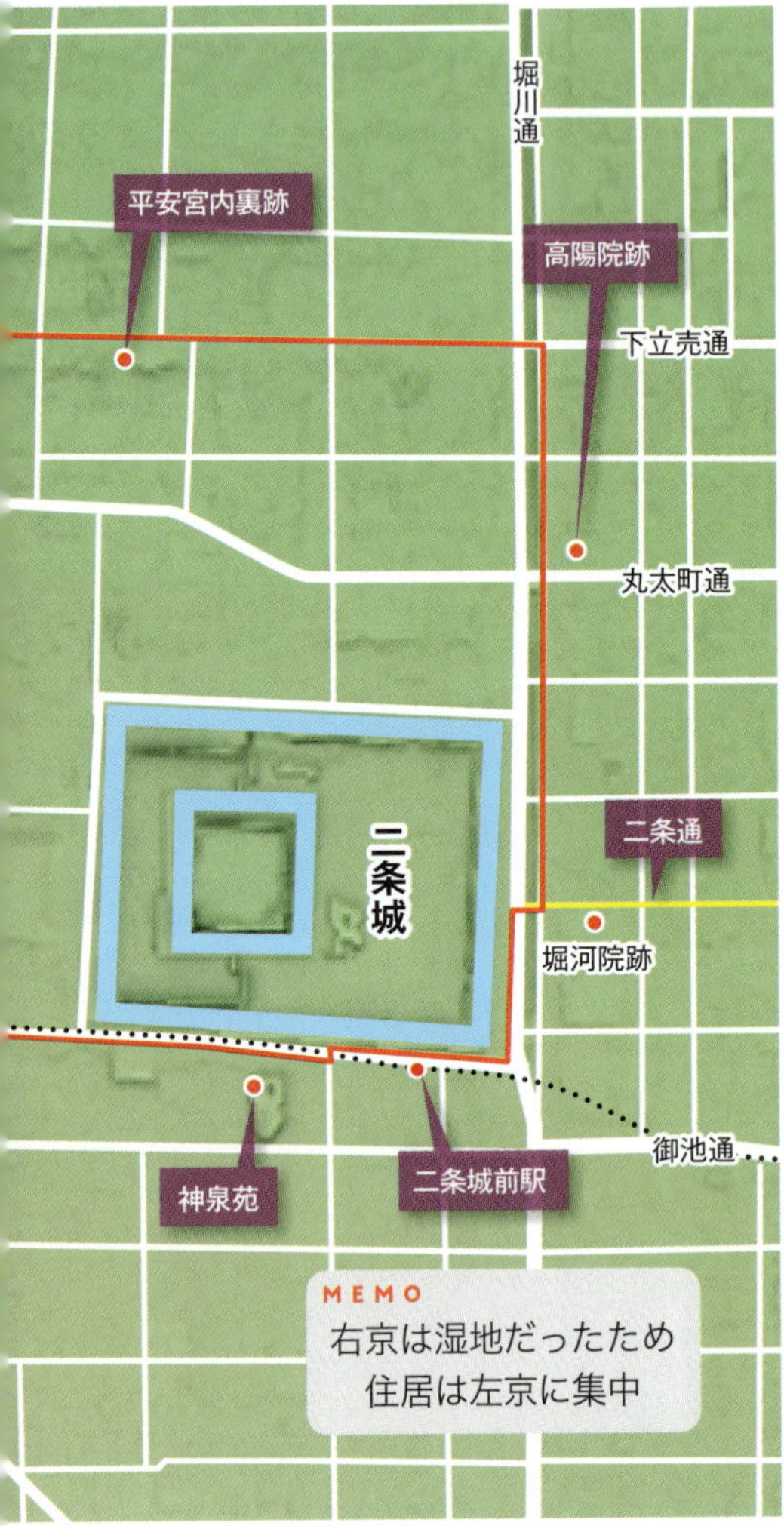

平安時代

平安宮・貴族邸コース——平安宮豊楽殿跡、平安宮内裏跡、高陽院跡、神泉苑など

平安京の中心地は平安宮から東へ東へと移っていった

桓武天皇が都を遷した当初、平安京は左右対称の都市だった。中央北側には、政治の中心・平安宮が置かれ、周囲に公家邸が集まっていた。なぜ現在は左京ばかり栄えているのだろう？

「平安宮跡」に入ったらまず下調べ

平安京は中国の都市である長安をモデルに造営された。東西約四・五キロメートル、南北約五・二キロメートルで、現在でいうと、北は一条通、南は九条通、東は寺町通、西は葛野大路辺りだ。

街区は基本的に一二〇メートル四方の正方形（一町）ブロックで統一され、さらに三二分の一の区画（戸主）が宅地の最小単位だった。平安時代に区切られていた「～条大路」は、「～条通」と名を変えて、今もほぼ残っている。今の京都市街の道路が碁盤の目状に走っているのは、平安京造営時の街路計画に由来しているのだ。

山陰本線円町駅から丸太町通を東に向かおう。まず訪れたいのが、京都市生涯学習総合センター（京都アスニー）一階にある京都市平安京創生館だ。平安京の一〇〇〇分の一サイズの復元模型や出土品の展示のほか、平安京を上空から見たり、歩いて見るように感じられる3D画像の「バーチャル平安京」が利用できる。現在の京都市街には遺構が残っていない史跡も多いため、事前に知識を入れるのにはちょうどいい。

ところで、じつはここはすでに平安宮跡の内側だ。かつての平安宮の入口の一つ藻

京都市平安創生館は京都アスニー内にある平安京をテーマとした展示施設。平成30年（2018）3月にリニューアル。見学無料。写真は展示の平安京模型 ▶JR山陰本線「円町」駅より徒歩10分／中京区聚楽廻松下町9-2

壁門は、ちょうど現在の丸太町通上にあったので、平安の人々も通っただろう道筋を歩いて宮跡に入ったことになる。なお、京都アスニーがあるのは酒造司という施設の跡だ。

再現された「平安宮豊楽殿」遺構

平安宮は、天皇の即位など国家的儀礼や諸政が行なわれた京都の中心地だった。天皇が政治を行なう朝堂院の正殿である大極殿を中心に、様々な宮殿や官舎が並び立っていた。広さは現在の京都御所の約二倍。まずはその規模が体感できる場所に向かってみよう。

丸太町通の一本南側の道に沿ってしば

らく進むと「平安宮跡　豊楽院跡」という碑がある。道を挟んで向かいには「平安宮豊楽殿跡」の碑。ここは、天皇が宴会や儀式などを行なった豊楽院の正殿・豊楽殿のあった辺りだ。豊楽殿は、当時の技術を駆使してつくられた荘厳な建物だった。平安宮の遺構はほとんどが地面の下だが、ここは、遺跡を埋め戻した後で地上に土台の形を再現しているので、建物の大きさを目で見て確かめることができる。

丸太町通に戻り東へ進むと千本丸太町交差点だ。このおおよそ南側が、平安宮の中心・朝堂院だった。その中心的な施設である大極殿があったのが、ちょうどこの交差点辺りだ。また、千本丸太町の北西、住宅に囲まれた内野児童公園の片隅に「大極殿遺址」の碑が置かれている。この碑がある場所は、朝堂院の回廊にあたる。

千本丸太町の北側、東西の歩道には大極殿跡や回廊跡などを示す縁石が置かれており、歩道には、それぞれの境界線を表すラインが描かれている。当時をイメージしながら歩いてみてはどうだろう。

「平安宮内裏」は意外とコンパクト

天皇や后たちのプライベートな住居だった内裏に向かおう。内裏は、千本丸太町の

平安京の大内裏にあった豊楽院の跡。建物の土台を地上に再現している
▶JR山陰本線「円町」駅より徒歩13分／中京区聚楽廻西町

北東辺りのエリアに位置していた。内裏は内郭と外郭の二重構造で、内郭の南半部は紫宸殿など儀式を行なうハレの場、北半部は天皇と家族が生活する後宮という構成だった。

千本通を北に進み、下立売通を東に入ると南側に内郭回廊の西側にあたる平安宮内裏内郭回廊跡の石碑がある。ほかにも、内裏の正面玄関だった承明門、天皇の機密文書を扱った蔵人所町屋跡、内裏で使う酒をつくった内酒殿などの石碑を見つけることができる。

石碑は昔ながらの小さな町家やビルの脇、食堂の入口などにひっそりと立っている。町家などの民家が密集しており、平安時代の姿を思い浮かべることは難しいかもしれないが、実際に歩いてみると、意外とコンパクトだったことを体感できる。

天皇の御座所は宮殿から「里内裏」へ

平安宮の内裏はたびたび火災に遭い、そのたびに天皇はおもに摂関家の大邸宅などに移り住み、一時的に皇居とした。これを里内裏と呼ぶ。

平安宮の内裏は十回以上の焼失・再建をくり返したが、嘉禄三年（一二二七）の火災を最後に、元の位置に内裏が再建されることはなくなった。これ以降、内裏近辺は戦乱などもあって荒廃していった。なお、現在の御所は南北朝時代に里内裏となった土御門東洞院殿が元となっている。

ほかにも里内裏となった場所はたくさんあったが、そのうちの一つが高陽院だ。丸太町通を東に向かい、堀川通を過ぎた場所にあるビル玄関口に、高陽院跡の説明パネルが立てられている。

関白藤原頼通が造営した邸宅で、約四三六メートル四方という広大な敷地に、寝殿造の建物群や池をそなえた庭があった。ここは当時、貴族の邸宅のなかで最高のも

高陽院跡。現在はマンションや企業のビルが並ぶ。丸太町通沿いでは説明パネルを確認できる ▶市営地下鉄東西線「二条城前」駅より徒歩15分/中京区丸太町付近

のだったという。後冷泉天皇以降、白河天皇や堀河天皇などが里内裏とした。

堀川通を南に向かうと、東西に走る二条通がある。平安時代は二条大路と呼ばれており、貴族たちが好んで住んだ高級邸宅街だった。道幅は五一メートルで、道幅八五メートルの朱雀大路に次ぐ規模だ。また、現在は工事中で立ち寄ることはできないのだが、堀川通二条の東南辺りは、円融天皇や堀河天皇が里内裏とした堀河院跡にあたる。

なお、近くの地下鉄二条城前駅には、次項で述べる神泉苑や六四ページで述べる二条城の出土品などが展示されている。ぜひ、併せて立ち寄りたい。

今以上の大庭園だった「神泉苑」

堀川通から御池(おいけ)通を西に進むと、観光スポットとしても人気の神泉苑がある。ちなみに御池通は、神泉苑の池が名前の由来だ。

神泉苑は、平安遷都の際に造営された禁苑、つまり一般人の立ち入りを禁止した園池だ。当時の神泉苑は、北は二条大路、南は三条大路、西は壬生(みぶ)大路、東は大宮大路に囲まれており、総面積約一三万平方メートルという広大な庭園だった。

神泉苑は、池や小川、森林などの自然を取り込んだ大規模な庭園だった。苑内の真んなかに大きな池があり、池には人工の中島があった。また、池の北側には乾臨閣(けんりんかく)という主殿があり、南側には南山という人工の山がつくられた。

平安初期には、天皇が隠居後の住まいにし、舟遊びや詩歌管弦などの遊宴に興じたという。桓武天皇は猟犬を使って狩猟を楽しんだというから、かなり広い庭園だったことがわかるだろう。

神泉苑で有名なのは、東寺(とうじ)の弘法大師(こうぼうだいし)(空海(くうかい))と西寺(さいじ)の守敏僧都(しゅびんそうず)による祈雨(きう)合戦だろう。天長元年(八二四)、京都は長引く日照りにより作物が枯れ果てて人々は困っ

平安時代をしのばせる池泉式庭園。鳥居があるが、現在は真言宗寺院となっている ▶市営地下鉄東西線「二条城前」駅より徒歩２分／中京区門前町御池通神泉苑町東入ル門前町166

ていた。そこで、淳和天皇の勅命により弘法大師と守敏が、どちらが雨を降らせることができるか競うこととなった。結果として、勝利を得たのは弘法大師だった。この際に天竺に住む善女龍王を神泉苑に勧請したことから、以降、平安から鎌倉時代にかけて、密教僧による雨乞いの祈禱がしばしば行なわれた。この伝説は「天長の祈雨」として語り継がれている。

だが、そんな神泉苑も平安時代の終わり頃から荒廃していく。江戸時代初期には、徳川家康が二条城を築城するときに大半を削り、土地の一部を二条城に組み込んだ。そのため現存するのは東寄りの一部、六九〇〇平方メートルのみで、築造当時の一五分の一ほどの規模となっている。
とはいえ、神泉苑は平安時代当初の施設遺構が残る貴重な存在だ。現在では苑内は整備され、平安の風情を味わうにはかっこうの場所だ。

地形によって中心地は「左京」に

平安京のメインストリートだった朱雀大路は、現在の千本通とほぼ重なっている。平安宮の正門である朱雀門（すざくもん）から平安京の南端・羅城門（らじょうもん）までは、幅八五メートルの朱雀大路が一直線に通っていたというから、さぞ壮観だったに違いない。朱雀門があった場所は現在の千本御池交差点の辺りだ。

平安京は朱雀大路をはさんで西側が右京（うきょう）、東側が左京（さきょう）と分けられた。計画的につくられた都だったが、平安京が左右両京において発展を見せたのはわずかな期間だった。平安時代のなか頃には、すでに様子が変わり始めている。右京が目に見えて衰退し始めたのだ。

その理由は地形にある。京都盆地は平らに見えるが、わずかに北東が高く、南西が低くなっている。そのため、右京側には桂川を中心にした低湿地が広がり、宅地に適

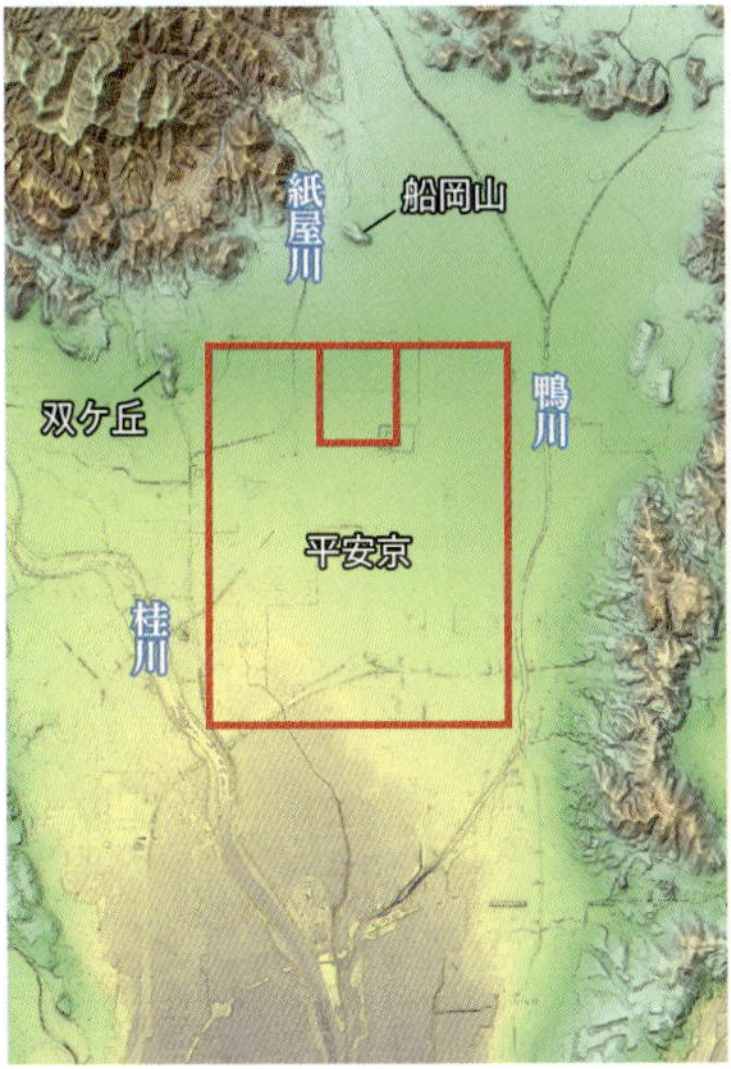

京都盆地は鴨川などの働きによってつくられた地形のため、南西が低くなっている

朱雀門跡の石碑。実際に朱雀門があった場所よりも200メートルほど南

さなかったのだ。そののち、貴族たちの荘園となった。

　対して、左京には早い時期から住居が集まった。とくに平安宮に近い北側に名家の屋敷が集中していたため、里内裏も左京側に置かれることが多かった。このことが左京に中心が移っていく流れに拍車をかけた。

　やがて白河上皇が岡崎で院政を始めたことなどもあり、平安京は都の範囲を飛び出して拡大していく。一時は鴨川辺りの道が「朱雀大路」と呼ばれたこともある。

一年間にわたる応仁・文明の乱の激戦地 上京はかつての政治の中心地

応仁・文明の乱コース――上御霊神社、相国寺、花の御所跡、山名宗全邸跡など

将軍、足利義政(よしまさ)の世継ぎ問題をきっかけに、有力守護大名の山名氏と細川氏が対立した応仁・文明の乱。一一間年にわたり、東軍と西軍が争った。激戦地となったのが上京だ。現在は大学、寺社が並ぶ上品な住宅街となっている。

MEMO
当時の権力者の屋敷は
上京の狭い範囲に集中

乱の幕開けの舞台となった「上御霊神社」

平安遷都から現在まで、一二〇〇年という京都の歴史のなかで、最も被害が大きかった戦いが応仁元年（一四六七）に始まった応仁・文明の乱だ。一一年間にわたる長き戦いで京都の大半が焼け野原となってしまった。

戦いの原因はいくつかあるが、最大の原因は室町幕府将軍足利義政の跡継ぎ争いだ。義政の弟・義視（よしみ）を立てる細川勝元（かつもと）（東軍）と、義政の子・義尚（よしひさ）を推す山名宗全（やまなそうぜん）（西軍）の戦いだった。そこに各勢力の思惑が複雑に絡み合ったことで戦いは長期化した。応仁・文明の乱が、どれほど都の姿を変えたのか、実際に歩いて確かめてみよう。

烏丸通から東に折れ上御霊（かみごりょう）前通に入ると、上御霊神社がある。室町時代には、この神社の周辺に林が広がっており、今よりも約二倍の敷地があった。

応仁・文明の乱の発端となったのが、文正二年（一四六七）正月一八日の早朝、ここで始まった御霊合戦だ。室町幕府のナンバー2である管領（かんれい）に就くことのできる名家・畠山（はたけやま）家の跡継ぎの座を巡って、畠山政長（まさなが）と畠山義就（よしなり）が衝突する。

この戦いは義就の勝利に終わったが、それぞれを後見する細川氏と山名氏の本格的

上御霊神社。奈良時代末、怨霊を鎮めるために八カ所の御霊をまつったことが起源とされる。写真は西の鳥居 ▶市営地下鉄烏丸線「鞍馬口」駅より徒歩5分／上京区上御霊前通烏丸東入上御霊竪町495

な戦いに発展していく。そのため、鳥居の南側には「応仁の乱勃発地」の石標が建てられている。

細川方最大の陣地「相国寺」

いったん烏丸通に出て南に進み、上立売通を東に向かうと相国寺に到着する。ここは、室町幕府三代将軍・足利義満が夢窓疎石を開山として建立した寺院だ。

鎌倉時代以降、武士たちは禅宗に傾倒し、数多くの寺院が建立された。なかでも相国寺は、いわば将軍のプライベートな修行の場だった。相国寺によれば創建当時の寺域は、北は上御霊神社の森、南は室町一条辺り、東は寺町、西が大宮通で約一四四万坪の広さがあったという。乱当時の広さは諸説あるが、現在の今出川室町辺りにあった足利将軍の邸宅、「花の御所」から目と鼻の先であることは確かだ。

それだけ将軍家と縁が深く力のある寺院なのだから、当然、応仁・文明の乱には戦場となった。応仁・文明の乱における最大の激戦「相国寺の戦い」だ。

応仁・文明の乱が始まってしばらく、戦いは東軍有利で進んだ。しかし、大内氏が加勢したことにより西軍が勢いを取り戻し、東軍は小川通の辺りの細川邸から相国寺までの狭い範囲に押し込まれてしまう。なかでも相国寺は、当時の東軍にとって最大の陣所。戦いの結末を左右するほどの拠点だった。

この拠点を落とすべく、西軍は一計を案じる。西軍と内通した僧が、相国寺に火をかけたのだ。これにより相国寺は七重塔を残して全焼。東軍は絶体絶命の窮地に追い詰められる。その後も相国寺は何度となく再建と焼失をくり返し、現在は四万坪の敷地になっている。

「室町殿」は乱によって焼失

足利尊氏が開いた室町幕府。その権力の集約を確立させたのが三代将軍足利義満だ。

相国寺。正式名は相國承天禅寺。現在は臨済宗相国寺の大本山。法堂は、禅宗寺院では最大最古で重要文化財に指定されている▶市営地下鉄烏丸線「今出川」駅より徒歩5分／上京区今出川通烏丸東入相国寺門前町

この義満が、天授（永和）四年（一三七八）に邸宅兼役所として建てたのが、室町殿（むろまちどの）。邸宅の庭に鴨川の水が引かれ、四季折々の花樹が数多く植えられていたことから「花の御所」と呼ばれた。足利氏の幕府を室町幕府というのも、この邸宅が室町にあったことにちなんでいる。細川勝元、山名宗全らに政治を放任し、結果として応仁・文明の乱を引き起こした八代将軍義政の代までは、将軍邸として政治の中心地だった。

応仁・文明の乱では、開戦後しばらくして細川方が花の御所を押さえ、東軍の本拠として使われた。相国寺の乱で絶体絶命となった東軍は、この花の御所で態

勢を立て直し、相国寺の奪還を目指すことになった。畠山政長の奮戦により、相国寺を奪還。内裏を占拠された恨みから後花園法皇が山名討伐の院宣を出したことで、東軍が盛り返すきっかけとなった。

このとき花の御所も半焼し、その後何度かの再興をくり返すも衰退。乱が始まってから約二〇年後には、焼け跡が野盗の跋扈する場所となるようなありさまだった。そのため、なごりとなるものは少ないが、いくつかの史跡を烏丸通沿いで見つけることができる。

その一つは、同志社大学寒梅館の敷地内北東角にある、この場所で発掘された室町殿石敷き遺構だ。寒梅館一階のカフェレストランは、一般の人でも利用できる。その南側には、花の御所の一画だったといわれる大聖寺門跡（御寺御所）があり、敷地内には「花乃御所」という石標が立っている。

この花の御所跡辺りから上立売通を西に進むと、小川児童公園がある。この公園の北側辺りが細川勝元邸だった場所だ。現在は民家が立ち並んでいる。

住宅地を北に抜け、寺之内通を西に進むと、百々橋の礎石がある。百々橋は、洛中を南北に流れていた小川という川に架かっていた橋で、応仁・文明の乱の最初の大合

室町殿石敷き遺構。同志社大学寒梅館の北東隅に室町殿の遺構の一部が保存されている。この辺りから南がかつての室町殿だ ▶市営地下鉄烏丸線「今出川」駅より徒歩3分／上京区御所八幡町10

戦の舞台となった場所だ。応仁・文明の乱では、両陣の間に位置した小川通と堀川通付近を境ににらみ合いが続いたというが、その間を流れていたのが小川だ。昭和三八年（一九六三）に小川が埋め立てられたときに橋も解体されたが、橋脚を支えていた礎石四基のうち一基がこの場所に残る。

山名邸周辺は地名「西陣」が定着

堀川通を西に渡ると、西陣（にしじん）と呼ばれるエリアに入る。西陣の名前は、応仁・文明の乱のときに西軍の総大将、山名宗全がこの辺りに陣地を構えたことが由来だ。西陣織で知られる。堀川上立売通を西に渡ると、山名宗全邸宅があったことを示す石碑がある。

山名氏は、室町時代には幕府の要職を歴任する三管四職の一つとして勢力を誇り、一時は全国の六分の一の勢力を占めていたため、「六分の一殿」ともいわれた。身分では本来なら東軍大将の細川氏に劣るが、宗全の頃には武力を背景に幕府の政治を動かすほどの権力をもっていた。畠山政長が上御霊神社に陣を張ったのが乱の始まりと述べたが、そもそも畠山義就と結んで将軍に政長の解任を迫ったのが宗全だ。いわば応仁・文明の乱を引き起こした男なのだ。

しかし、結局は宗全にも収拾がつけられない状態となり、戦いは延々と続くことになる。宗全と勝元がこの世を去っても戦いは終わらず、各国の大名が疲弊し領国に引き揚げることでようやく収束した。

応仁・文明の乱はいわば中央の権力闘争だったため、中心的な戦場となったのは武家や公家が住んでいた上京だったが、東山の名刹、伏見の醍醐寺の伽藍など、被害はかなり広い範囲に及んだ。京都の三分の一が焼け野原になったといわれている。ここまで被害が大きくなった理由の一端には、この頃から戦いに関わるようになる足軽の存在があった。足軽は軽武装を施した歩兵だが、この頃の足軽には盗賊出身の者も

応仁の乱では東軍と西軍が百々橋をへだてて合戦を行なった。現在は写真の礎石のみが残る

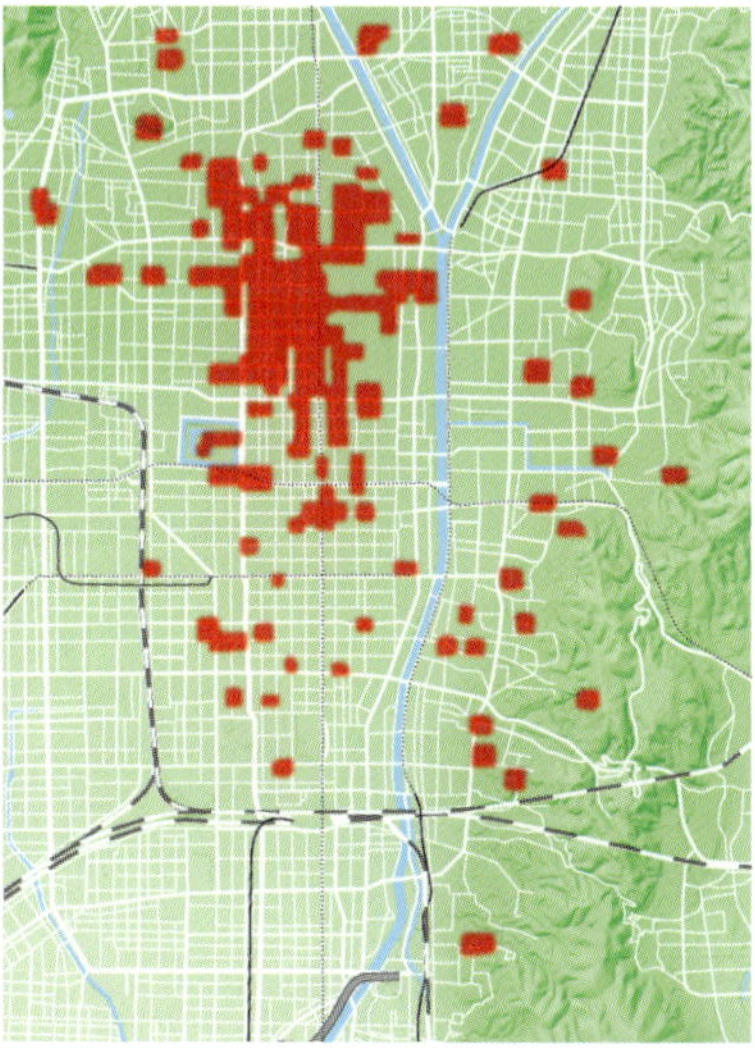

11年に及ぶ戦いで京都の3分の1が焼失した。上図の赤で示したところがおもな被災地

多く、戦いとは関係ない施設にも略奪や焼き討ちを行なった。

そんななか、下京はさほど大きな被害を受けることがなかった。両軍が戦場で使う物資の輸送や供給を行なう道路などがあったためだ。そのため下京は、商工業地区として経済活動が維持されていた。もはや幕府や誰かが守ってくれる時代ではないことを痛感した人々は、町ごとに自治組織を運営し、荒れた京都の町を復興していった。ただ、本格的な復興は信長・秀吉の台頭を待たねばならなかった。

安土桃山時代

現代京都のベースをつくった秀吉の京都改造プロジェクト

御土居コース —— 北野天満宮御土居、聚楽第跡、京都御苑、寺町通など

現在の京都の街並みの基礎は、豊臣秀吉がつくったといっても過言ではない。秀吉は平安京を基礎とし、より合理的な都市へと大改造を行なった。その跡をたどってみよう。
平野神社
北野天満宮
START
嵐電北野線
北野白梅町駅
今出川通
一条通
中立売通
上長者町通
下長者町通
出水通
智恵光院通
裏門通
浄福寺通
聚楽第跡
梅雨ノ井跡
聚楽第推定地
御土居
大宮通
丸太町通
円町駅
JR山陰本線
MEMO
御土居のなかが本当の洛中
西大路通
千本通
二条城
堀川通
二条駅
御池通
二条城前駅
地下鉄東西線

京都全体を囲んだ「御土居」

応仁・文明の乱で京都の町は焼け尽くされ、平安京時代から続いた京都は姿を消した。本格的に復興が始まるのは織田信長、そして豊臣秀吉が力を付けてからのことだ。秀吉が目指したのは「安寧楽土（あんねいらくど）」、つまり平和で政情が安定し、自由経済によって商工業が栄える町だった。その特徴的なものの一つが、京都の四方をぐるりと取り囲む巨大な「御土居堀（おどいぼり）」の築造だ。

北は鷹ケ峰（たかがみね）、東は鴨川、西は紙屋川、南は九条まで、総延長約二二・五キロメートルを土塁と堀で囲んだ。この規模の工事が、なんと二〜四カ月のスピードで仕上げられたというからすごいではないか。なお、京都の街なかを指す洛中という言葉はこの時代に生まれる。平安京はモデルとなった中国の都にちなんで、右京が長安、左京が洛陽（らくよう）と呼ばれていたが、御土居ができたことで、御土居の内側が洛中と呼ばれるようになったのだ。

御土居築造の目的は、京都の防備だ。また、都市である洛中と周辺の集落である洛外を分ける意味、水防の役割もあった。しかし、江戸中期になると市街地が洛中から

北野天満宮に残る御土居（赤囲み部分）。土塁と堀を組み合わせた御土居で市街地を囲い、京都は城塞都市となった

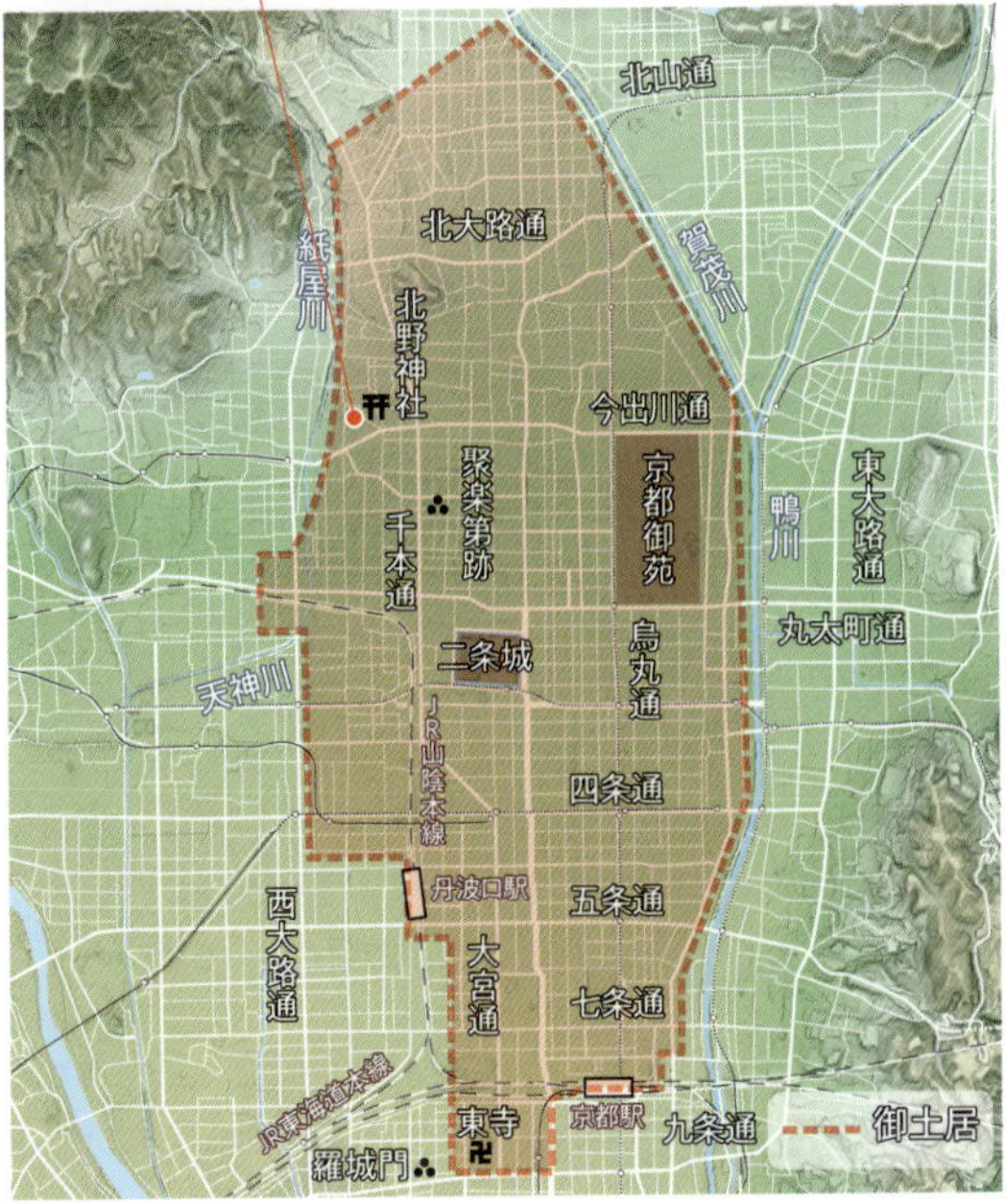

東へ広がっていったため、御土居堀はしだいに取り壊されていく。現在その遺構が残されているのは、北辺と西辺の一部、一七カ所ほどだ。そのうちの一つが、北野天満宮にある。

北野天満宮には境内の西側にほぼ原型に近い形で残っている。史跡御土居の全体を見学するなら、四～五月の青もみじ、十月下旬～一二月上旬の秋のもみじ苑の特別公開を狙いたい。

平安宮大内裏跡に「聚楽第」を建設

天正一三年（一五八五）、関白に就任し、その翌年に豊臣の姓を受けた秀吉がまず取りかかったのが、邸宅兼政庁である「聚楽第（じゅらくだい）」を建てることだった。場所は、平安宮の大内裏跡地だ。この地を選んだのは、朝廷をしのぐ新政権の権力を象徴する意味もあったと思われる。

聚楽は「長生不老の楽しみを集める」という意味の秀吉の造語で、第は「邸」を表す。北は一条通から南は下立売通まで、西は千本通近くから東は大宮通までで、のちにつくられる徳川家康の二条城を超える。建物は本丸、南二之丸、北之丸、西之丸で

「聚楽第址及聚楽第東濠跡」の碑。大宮通辺りが聚楽第の東端だった。なお、聚楽第の北限はほぼ平安時代の大内裏と一致する

構成されており、邸というより、もはや城といってもいいほどのスケールだった。

宣教師フロイスは、聚楽第を「その内外と上下はいうに及ばず、台所までが、その用具や机の置き物に至るまで、ことごとく金が塗られていた」と、そのきらびやかさを高く評価した。豪華趣味の秀吉が金を好んでいたことはよく知られており、聚楽第跡の発掘調査では漆を接着剤に使った金箔の瓦が見つかっている。

ところが完成からわずか八年後、秀吉は聚楽第を破却してしまう。その理由は、甥の秀次に関白職とともに聚楽第をゆずったのち、淀殿との間に実子である秀頼が生まれ、秀吉と秀次との関係が悪化したからだ。秀次は高野山へ追放された後、自害してしまう。

すぐさま聚楽第の建物は伏見城や大徳寺、西本願寺などに移築され、跡形も残らないよう壊された。しかしながら、現在でも町や通の名には聚楽第ゆかりのものが残る。

中立売通大宮交差点には、「聚楽第趾及聚楽第東濠」の碑が立つ。この中立売通は、聚楽第の本丸と内裏を結ぶメインストリート・正親町小路だった。現在、近隣にある小学校は正親小学校といい、かつての通名が地名として残っている。

聚楽第跡地に残る唯一の遺構といわれているのが、上長者町大宮通を南に進み、路地を西に入った場所にある梅雨ノ井跡だ。梅雨になると水位が上がることからこの名が付いたが、現在は水は枯れており、周囲は空閑地となっている。

京都御苑の原型「公家町」

秀吉は聚楽第を中心とし、その周囲に武家町、公家町、寺町をつくった。身分によって住む場所を明確に分ける強制的な移動は住民にとって経済的にも精神的にも痛手であったようで、「京中屋敷替え」といわれるほど大騒ぎになったようだ。しかし、税徴収や都の防衛に効果をあげたというから秀吉の手腕はさすがだ。

聚楽第の周辺に配置されたのは、秀吉の茶の師・千利休や徳川家康をはじめとする諸大名の屋敷だった。現在この付近には、大名の屋敷があったことに由来する町名が残されている。黒田官兵衛（如水）に由来する如水町、黒田長政の甲斐守町などだ。

九条家の繁栄を実感できる邸宅跡。茶室がある庭園を見学できる。京都御苑南端 ▶市営地下鉄烏丸線「丸太町」駅より徒歩5分／京都御苑内

丸太町通を東に進み、京都御苑に向かおう。京都御苑は、宮内省が管理する京都御所と仙洞（せんとう）御所、大宮御所の周囲に、環境省が管轄する森や広場がある国立公園だ。

信長や秀吉は、市中に点在していた公家屋敷を御所の周辺に総移転させ、公家町を形成した。江戸時代には市民の町家も混在していたが、宝永五年（一七〇八）の大火を機に、御所を囲むように公家町が完成した。だが、明治になると明治天皇の東京行幸（ぎょうこう）に伴い公家のほぼすべてが東京に移住したため、公家邸はほとんど残っていない。京都の街なかに広大な公園が生まれた背景には、このような変

遷があるのだ。

当時のなごりを感じたいなら、堺町御門を入ったところにある九条邸跡を訪れよう。九条家は平安末期から江戸時代末まで摂政や関白といった要職を務めた名家だ。江戸時代につくられた庭園が残り、九条池や茶室・拾翠亭を鑑賞することができる。

合理性が生んだ「うなぎの寝床」

平安京の頃と秀吉による都市改造後の地図を見比べると、道路の変化に気づくだろう。現代の京都に見られる「短冊型」「うなぎの寝床」などといわれる町割りを生んだのは秀吉なのだ。

平安京時代は碁盤の目、つまり正方形の町割りで、宅地の中心部に無駄な空き地ができていた。秀吉は格子の中央に小路を通し、この空き地を有効活用できるように町割りを変更したのだ。その結果、短冊形の街区にはより多くの町家や商店が立ち、商工業が活性化。京の人口は倍増し、大都市として発展することになった。

また、京都の都市景観を大きく変えたのが寺院街の形成だ。それまで洛中に散在していた寺院を、強制移転させたのだ。寺院街の一つは、京都御苑の東側にある寺町通

皇室とのゆかりが深い天台宗圓浄宗の本山・廬山寺の前辺り ▶ 京阪鴨東線「神宮丸太町」駅より徒歩15分／上京区寺町通広小路上ル北文辺町397

烏丸通周辺などは、短冊型と正方形の町割りが混在している

だ。東からの敵を牽制（けんせい）するため、御土居と寺地をセットにして防御体制を整えた。もう一つは、上京区の寺之内。ここには、寺町通に入りきらなかった寺院が集められた。

現在の寺町通は南端が五条通だが、北端の鞍馬口（くらまぐち）通から一条通までは秀吉が新設した。現在も寺町通には八〇ほどの寺院が立ち並んでいる。

京都御苑付近の寺町通は緑が多く、静かな時間が流れているので心地よく散策できるだろう。数ある寺院のうち、訪ねるなら秀吉の都市計画により北区船岡山のふもとから移転した廬山寺（ろざんじ）がおすすめだ。御土居跡も残されている。

幕末

幕末の戦火によって京都の中心地が繁華街へ変貌

幕末の志士コース——土佐藩邸跡、池田屋跡、長州藩邸跡、京都御所、二条城など

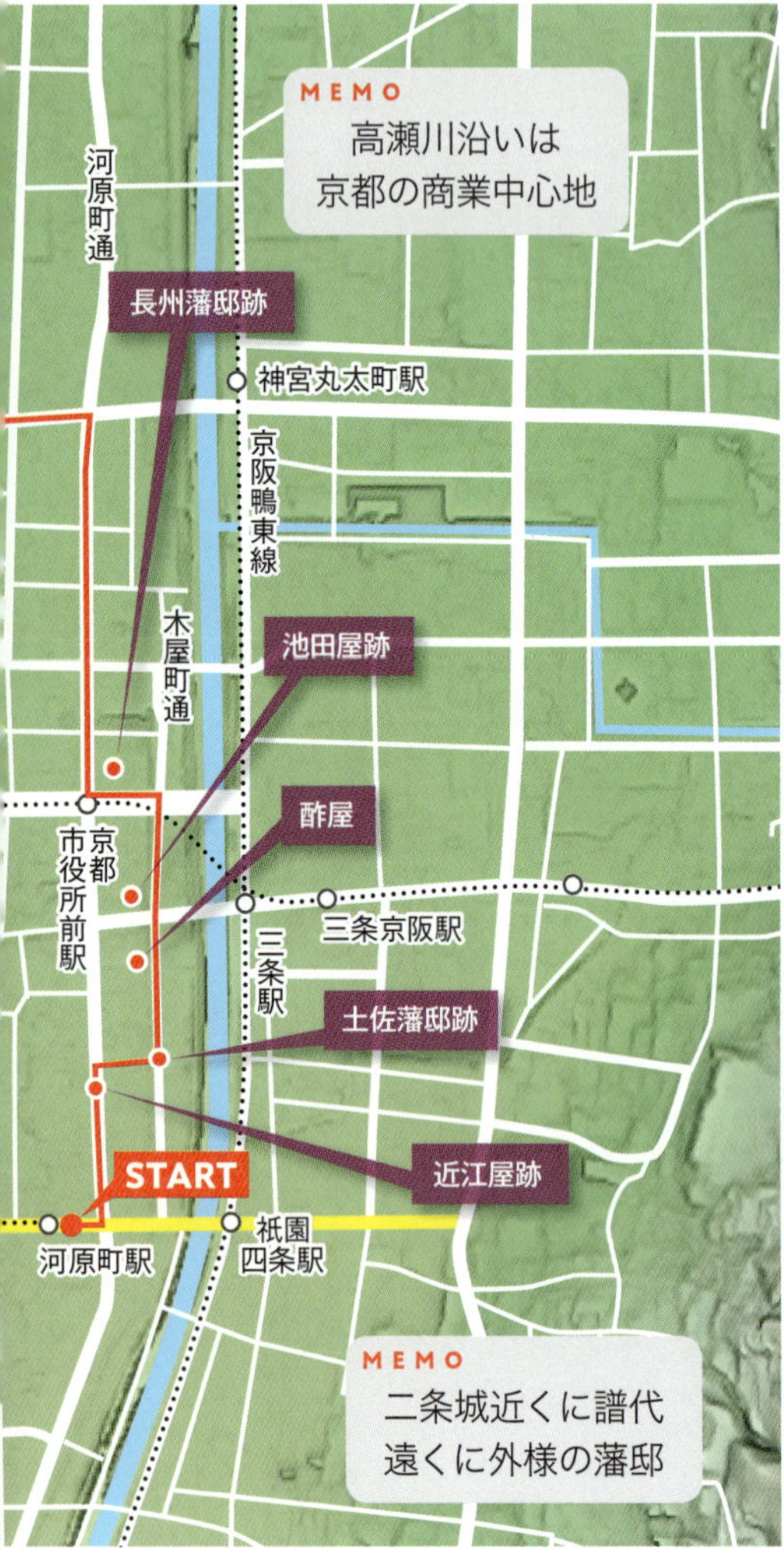

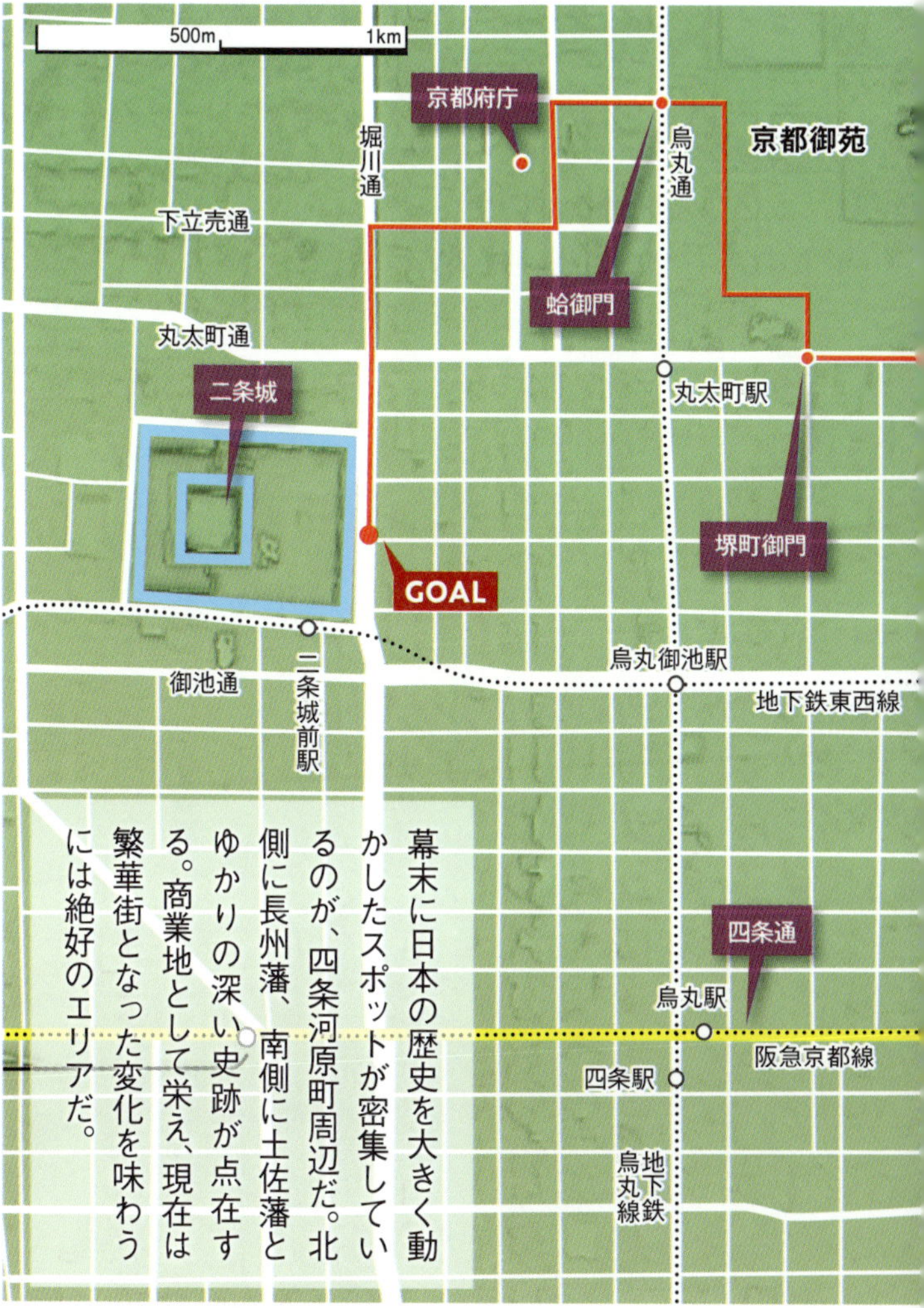

幕末に日本の歴史を大きく動かしたスポットが密集しているのが、四条河原町周辺だ。北側に長州藩、南側に土佐藩とゆかりの深い史跡が点在する。商業地として栄え、現在は繁華街となった変化を味わうには絶好のエリアだ。

新選組が駆け抜けた「四条通」

時は幕末。「天皇を尊ぶ」「外国人の排除」を掲げた尊皇攘夷を目指す長州藩は、他藩の強硬派と結託し、「御所に火を放ち、京都守護職の松平容保を暗殺した後、孝明天皇を長州に拉致する」という計画を進めていた。彼らのクーデター計画を知り、阻止しようと動いたのが新選組だ。元治元年（一八六四）六月五日、京都三大祭の一つである祇園祭の宵々山の晩、祭り見物の人出が少しずつ多くなった夜八時頃に新選組の隊士たちが、池田屋を目指し駆け抜けたのが四条通だ。四条河原町の交差点から、事件の跡や藩邸跡、志士たちが身を寄せていた寓居跡を巡るとしよう。

まずは河原町通を北に進もう。商店街の一角に「坂本龍馬・中岡慎太郎遭難之地」碑がたたずんでいる。犬猿の仲といわれた薩摩藩と長州藩を結びつけ、薩長同盟を成し遂げたことで、龍馬は幕府側から命を狙われていた。当時龍馬は、材木商の酢屋と、この場所にあった近江屋を隠れ家として行き来していたが、慶応三年（一八六七）一一月、近江屋の二階で慎太郎と話し込んでいたところを暗殺された。彼らを襲った犯人が誰なのかは幕末の謎の一つとなっている。

坂本龍馬と中岡慎太郎が暗殺された近江屋の跡地。石碑の脇には花が供えられていることもしばしばだ ▶阪急京都本線「河原町」駅より徒歩5分／中京区河原町通蛸薬師下ル塩屋町331

「土佐藩邸跡」は小学校からホテルへ

江戸時代、藩の出先機関として置かれた屋敷のことを藩邸という。明治維新を後押しした土佐藩の藩邸は、木屋町通のなかほどにあった。坂本龍馬や武市半平太(たけちはんぺいた)、中岡慎太郎、吉村寅太郎(よしむらとらたろう)の〝土佐四天王〟が出入りしたという。

土佐藩邸跡は、のちに敷地の一部が京都電燈株式会社の社屋となり、昭和三年（一九二八）には立誠(りっせい)小学校となった。平成五年（一九九三）の廃校後は平成二九年（二〇一七）まで「立誠シネマ」というミニシアターとして使われていた。

京都電燈であったとき、日本で最初に映

画の試写実験に成功した場所であり、日本映画原点の地とされている縁だ。二〇二〇年春には、小学校の校舎を保存、再生しながらホテルを併設した複合施設が誕生する予定となっている。

現在、木屋町通の四条から三条にかけては歓楽街となっている。昼は人の往来が少ないものの、夜は居酒屋やバーにくり出す大人たちでにぎわう。

「池田屋騒動跡地」は居酒屋に

木屋町通を高瀬川沿いに北へ進む。現在も営業を続ける「創作木工芸 酢屋」を横目に三条通へ。元治元年（一八六四）、長州藩や土佐藩士らがクーデター計画を実行すべく集まっていた旅館・池田屋があったのがこの辺りだ。

三〇〇名もの尊皇攘夷派の長州藩志士たちが、四条通・三条通周辺に潜伏しているという情報を得た新選組は、調査を開始する。そして、この場所で長州藩志士が密会しているとの情報を得た近藤勇（こんどういさみ）ら隊士五名は、夜一〇時、現場へと踏み込む。二〇名ほどの浪士たちがいたが、あまりにも急な襲来だったため刀を取る間もなかったという。間もなく土方歳三（ひじかたとしぞう）ら二五名も、三条通から池田屋へ向かった。なお、現在の三

京都ホテルオークラの正面入口北側には、維新で活躍した長州藩士・桂小五郎（木戸孝允（きどたかよし））像が立つ▶市営地下鉄東西線「京都市役所前」駅下車すぐ／中京区河原町御池

江戸時代から続く材木商「酢屋」。2階ギャラリーでは龍馬が書いた手紙の複製や当時の写真などを展示している ▶京阪本線「三条」駅より徒歩3分／中京区河原町三条下ル龍馬通

条大橋の欄干に付けられた擬宝珠（ぎぼし）にある傷は、池田屋事件のときについた刀傷ではないかといわれている。真偽は不明だが、橋の西から北側、南側ともに二つ目の擬宝珠に深い傷があるのでぜひ探してみよう。

　さて、土方歳三らの加勢により一気に勢力を増した新選組は、尊皇攘夷派志士のうち八名を殺害、四名に傷を負わせ、五名を捕縛（死傷者数には諸説あり）。クーデターを未然に防ぐことに成功した。この幕末最大の大捕物・池田屋事件によって、新選組は日本中にその名を轟（とどろ）かせることになった。

　池田屋の建物は管理していた旅館が廃

業してしまったため現存していない。この場所はのちにパチンコ店となったが、現在は新選組をテーマとした居酒屋となっている。

「長州藩邸跡」は京都ホテルオークラに

木屋町通の西側には静かに流れる高瀬川があるものの、東側はチェーンの居酒屋などの飲食店が並ぶ。雑多な雰囲気だ。

しかし、北側に進み御池通を渡ると、老舗料理屋や旅館が並び、しっとりとした風情に包まれる。なかでもひときわ目立つのが、一七階建ての京都ホテルオークラだが、このホテルの敷地のほぼすべてが、かつての長州藩邸なのだ。江戸時代の長州藩邸は、高瀬川一之船入（いちのふないり）の南側から御池通まで、河原町通から木屋町通までという広大な敷地を誇った。

ところで、こうして見ると、幕末の歴史を左右した外様大名の藩邸が高瀬川沿いに集中していることがわかる。これは江戸時代までは水運が物流の中心であり、高瀬川沿いに商家が集まっていたことが大きい。

親藩・譜代の大名は幕府の役職に就く場合が多く、藩邸は将軍の宿泊所の役割をも

激戦地となった蛤御門（はまぐりごもん）。正式名は新在家御門。かつてはめったに開くことのない門だったが、火災のときに開いたのでこの名がついたというのが定説 ▶市営地下鉄烏丸線「丸太町」駅より徒歩7分／上京区烏丸通下長者町上ル

つ二条城周辺に置かれた。しかし、外様大名は下級役人を置く場合が多く、商家を頼ることもあったため、自然と高瀬川沿いに集まったようだ。

激戦地「京都御苑」は市民憩いの場

明治二年（一八六九）に東京に遷（うつ）るまで日本の中心であった京都御苑は、幕府の威信低下と尊皇攘夷運動により、様々な騒動に巻き込まれることになる。京都御苑には九つの門があるが、南側にある堺町御門からなかに入ろう。

堺町御門はもともと、尊皇攘夷派の長州藩が門の警備を任されていた。しかし、文久三年（一八六三）、急進的な長州藩

の動きを危惧した孝明天皇の意を受け、薩摩藩と会津藩が起こした「文久三年八月一八日の政変」により、長州藩は朝廷から追放される。このとき失った勢力を取り戻そうとして、元治元年（一八六四）七月一九日に長州藩が京都御苑へと攻め込んだのがいわゆる「蛤御門の変」だ。

堺町御門をくぐると、北東側に鷹司邸跡がある。柵に囲まれたシイ（スダジイ）の巨木が目印だ。蛤御門の変の際、長州藩士の久坂玄瑞らが、この場所にあった鷹司邸跡に立てこもった。

また、この戦いの際に最大の激戦地となったのが蛤御門だ。梁や柱には、今でも銃弾らしき痕が残っている。当時の門は現在よりも東側に位置し、南北に向かって立っていた。

このとき、戦いに敗北した長州藩士は鷹司邸や長州藩邸に火をつけた。この炎は北風にあおられて京都の街に燃え広がり、市街地の六割を焼く大惨事となった。

現在の京都御苑は、約六五ヘクタールもの広大な敷地に公家屋敷跡など由緒ある史跡が点在している。東京へ首都機能が移った際、公家も東京に移り住んだことで、市街地の真ん中にこのような巨大な空白地帯が生まれることになったのだ。現在では、

二条城。本丸御殿は明治26年（1893）頃に京都御苑の旧桂宮邸から移築。二の丸御殿は当時のまま現存 ▶市営地下鉄東西線「二条城前」駅下車すぐ／京都市中京区二条通堀川西入二条城町541

ほとんどの公家の屋敷は跡に碑などが残るばかりとなっている。

「会津藩の屋敷跡」は京都府庁に

烏丸下立売の交差点を西に進むと、京都府庁に到着する。現在の府庁舎のほぼすべてが、慶応元年（一八六五）、幕府から京都の治安維持を命じられた会津藩主・松平容保（まつだいらかたもり）が建てた屋敷の一つがあった場所だ。

松平容保は民有地三万坪を買収し、豪華な造りの建物を建てたという。京都の行政を担っていた京都所司代や奉行所よりも京都御所に近かったことから、京都守護職の地位の高さがうかがわれる。

権威の象徴「二条城」で大政奉還

幕末の激動スポット巡りのラストに訪れたいのは、世界遺産にも登録されている元離宮二条城だ。下町風情が残る下立売通を西に進み、堀川通を南へ向かうと、西側に大きな城がそびえ立つ。ここ二条城は、大政奉還の舞台となった場所だ。

もともと二条城は、徳川家康が京都での宿泊地とするため、そして幕府の権威を朝廷に示すための象徴として慶長八年（一六〇三）に築かれた城だ。かつては平安宮、聚楽第なども置かれた場所だった。徳川政権の終焉の地として、ふさわしい場所だったといえるかもしれない。大政奉還が行なわれた二の丸御殿は当時のまま保存されている。

ここまで見てきたような戦火にさらされ衰退した京都に、明治維新後、東京遷都という追い打ちがかけられる。天皇や皇室、公家お抱えの有力商人たちが東京へ移り住んだことで、京都の人口は明治維新前の三五万人から二〇万人に急減した。そこで、京都府知事は小学校の開設や地場産業の振興、琵琶湖疎水の建設など様々な近代化政策を進めていった。その結果、京都は大きく姿を変えていくことになる。

PART 2
東山

祇園周辺
©Kentaro Ohno

平安時代

清水寺とその道行きに刻まれた古代の人々の思想と死生観

平安の信仰コース——六道の辻、六道珍皇寺、清水寺など

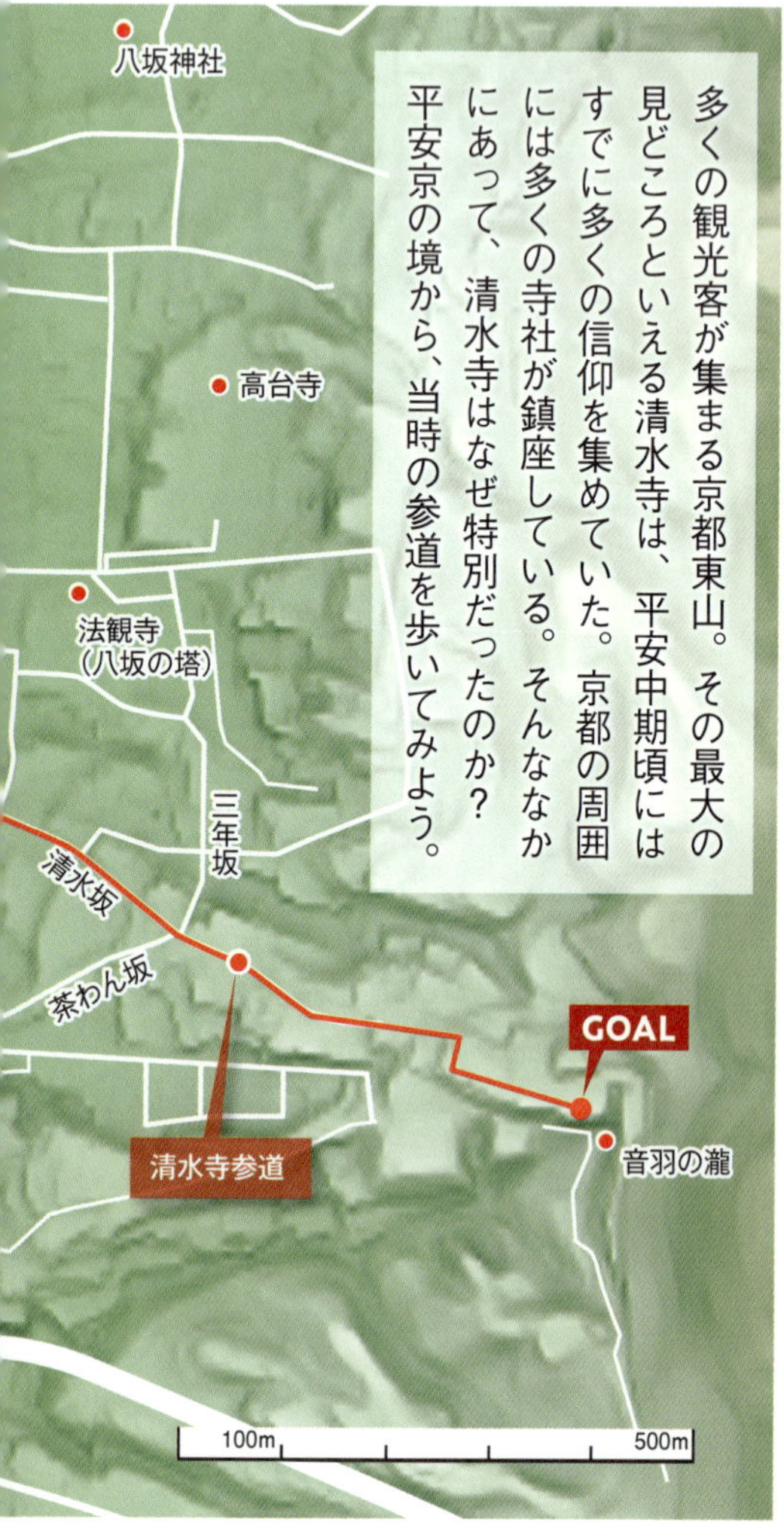

多くの観光客が集まる京都東山。その最大の見どころといえる清水寺は、平安中期頃にはすでに多くの信仰を集めていた。京都の周囲には多くの寺社が鎮座している。そんななかにあって、清水寺はなぜ特別だったのか？　平安京の境から、当時の参道を歩いてみよう。

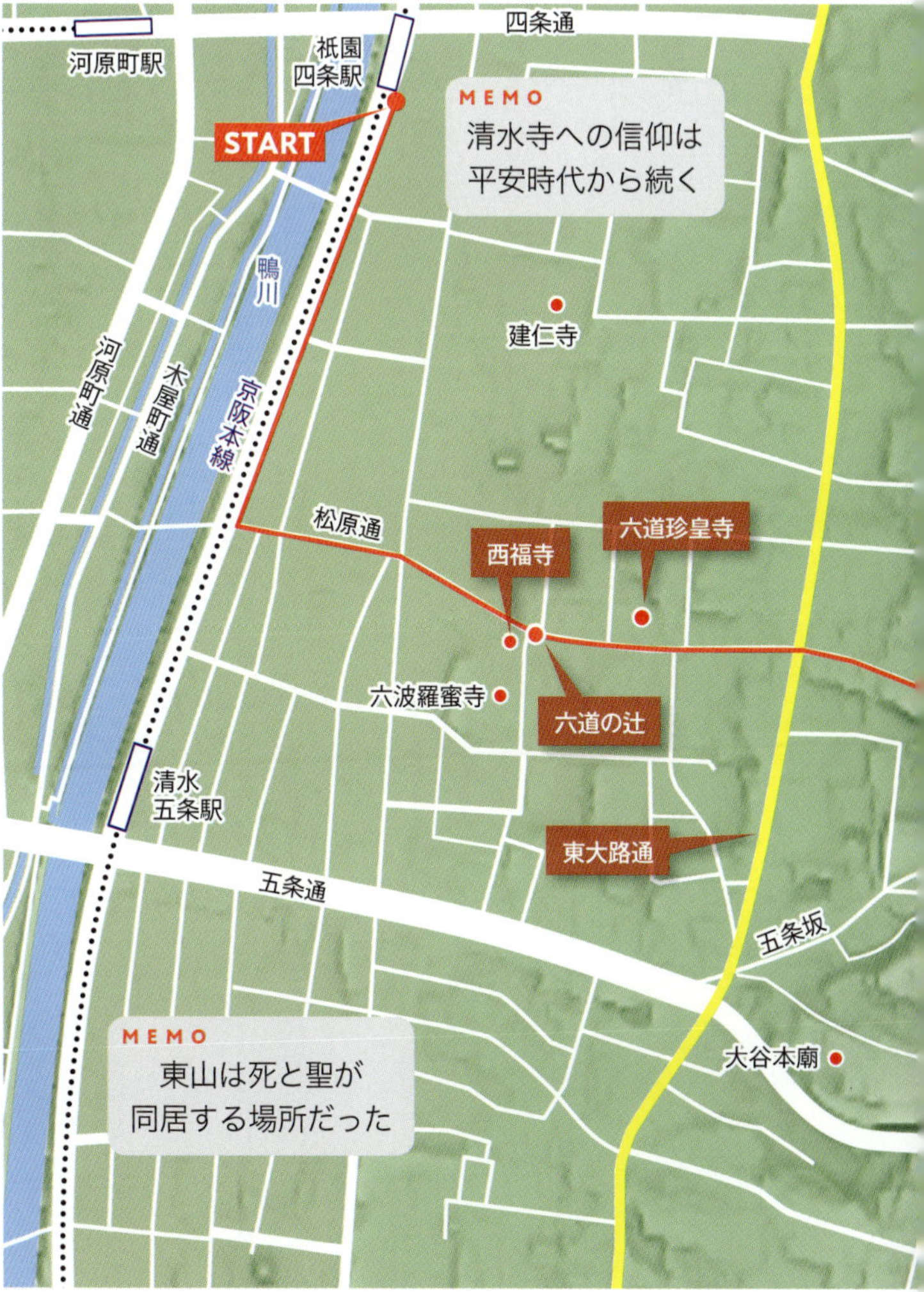
四条通
河原町駅
祇園
四条駅
START
MEMO
清水寺への信仰は
平安時代から続く
鴨川
建仁寺
河原町通
木屋町通
京阪本線
松原通
六道珍皇寺
西福寺
六波羅蜜寺
六道の辻
清水
五条駅
東大路通
五条通
五条坂
大谷本廟
MEMO
東山は死と聖が
同居する場所だった

「六道の辻」はあの世の入口

観光客でにぎわう京阪本線祇園四条駅から、鴨川沿いに五条方面へしばらく歩くと、車一台通るのがやっとの小さな橋が見えてくる。交通量は少なく、目を引く派手さもない。しかし、この橋は京都の歴史を語るうえでは欠かせないものだ。豊臣秀吉が五条大橋を架け替えたことは後で詳しく触れるが、もともとの五条大橋がこの場所にあったのだ。

旧五条大橋につながる五条大路は、平安時代にはメインストリートの一つだった。そして、五条大橋を渡って東山に向かった先に鎮座したのが清水寺だ。『枕草子』などにも見えるように、平安時代にはすでに多くの参詣者を集めていた。きっとこの道も多くの人が通ったはずだ。彼らが目にしたであろう景色を探しに、清水寺まで歩いてみよう。

現在、松原通と呼ばれるこの道は、清水寺に向かってゆるやかな上り坂となっている。しばらくは人通りも少なく、落ち着いた風情の商店街が続く。だが、注意深く周囲を見ていくと特徴的な光景に気づく。辻に、たびたびお地蔵さんがまつられていたり、かつてお寺があったことを示す碑が置かれていたりするのだ。

顕著なのが勾配が急になり始める、六道の辻の辺りだ。六道とは仏教用語に通じる言葉で、人間が生前の業によって赴く六種の世界のこと。つまり、地獄・餓鬼・畜生・修羅・人間・天上の六つだ。なんとも意味ありげな地名ではないか。

この辻に建つ西福寺を訪ねてみよう。創建は嵯峨天皇の頃とされており、九世紀初頭にはすでに存在していたことになる。嵯峨天皇の皇后、橘嘉智子が皇子正良親王の病気快癒を祈願し、無事回復したことから、子育て地蔵として知られる。この寺に一歩足を踏み入れると、目に付くのが無数の地蔵が並ぶ光景だ。説明書きによれば、

かつて五条大橋が架かった場所には、現在は松原橋が架かる

六道の辻に立つ西福寺。かつてこの辺りには六つの仏堂が立っていたともいう ▶京阪本線「祇園四条」駅、「清水五条」駅より徒歩 15 分／東山区松原通大和大路東入2丁目轆轤町81

水子供養のためのものであるらしい。また、お盆の時季にしか見ることはできないが、橘嘉智子が死後、土に帰っていくまでの様子を描いた九相図（くそうず）という仏画も納められている。

加えて、西福寺の向かいには幽霊子育飴（ゆうれいこそだてあめ）で知られる「みなとや」が店舗を構えている。女性の幽霊が、死後生まれた子どもをここの飴で育てたといういわれのある店だ。

六道の辻に、死を連想させるものが異様に多く集まっていることに気づいただろうか。これは偶然ではない。今でこそ東山の一帯は観光地となっているが、かつては鳥辺野（とりべの）という葬地として使われていた。その入口こそが、六道の辻だった。しかも、当時の葬送は風葬が一般的。多くの遺体が横たわる光景が広がっていたはずなのだ。この一帯は地名を轆轤町（ろくろちょう）というが、これはかつて多数の髑髏（どくろ）が掘り出されたことにちなむ名だ。

あの世との境界「六道珍皇寺」

六道の辻の周辺が、葬地への入口だったということを、最も強く感じられる場所がある。それが西福寺から少し坂を上ったところにある、六道珍皇寺（ろくどうちんこうじ）だ。

六道珍皇寺。小野篁が地獄に通ったという井戸は、本堂横ののぞき窓から見ることができる ▶京阪本線「祇園四条」駅、「清水五条」駅より徒歩15分／東山区大和大路通四条下ル4丁目小松原595

寺名にある六道という言葉は、やはり仏教用語の六道に通じると考えていいだろう。この寺も由緒は古く、平安遷都の前後、桓武天皇の時代にさかのぼる。詳細な資料が残っていないため創建は諸説あるが、縁起では弘法大師の師である慶俊僧都(きょうしゅんそうず)によるとされる。

まず目につくのが、「小野篁卿(おののたかむらきょう)旧跡(せき)」の碑と、謡曲『熊野(ゆや)』の歌碑だ。小野篁といえば、嵯峨天皇に仕えた官人だが、夜になると地獄に赴き閻魔大王(えんまだいおう)に仕えたという伝説のある人物。彼が地獄へ行くときに通ったとされる井戸が、六道珍皇寺に現存する。また『熊野』の清水詣に「愛宕(おたぎ)の寺もうち過ぎぬ　六道の辻

六道珍皇寺横の小路に入ると、一部だけ壁が残り、上に民家が立っている場所がある

とかや　げに恐ろしやこの道は　冥土に通ふなるものを」と謡(うた)われているが、ちょうど六道珍皇寺の門前辺りを指していると読み取れる。そのため、盂蘭盆会(うらぼんえ)の八月七〜一〇日には、先祖の霊を迎える「六道まいり」でにぎわう。

一歩境内に足を踏み入れると、また多数の石仏が目につく。この地に葬られた人の供養のためのものだろうか。また、穴から太いひもが垂れているお堂が特徴的だ。このひもを引くと、お堂のなかで鐘が鳴る。迎え鐘というもので、あの世まで音が届くと信じられてきた。「六道まいり」には、多くの人がこの鐘を突きに訪れる。

さて、最後に一度境内を出て、細い路地に

入り、迎え鐘の後ろ辺りに回ってみよう。不自然に壁がそびえている。じつはこれは、かつての崖のなごり。ほかは削り取られてしまったが、一部だけが残っているのだ。六道珍皇寺は崖の下に位置していたことになる。この崖を平安京の人々は、この世とあの世の境界線として捉えたのかもしれない。

葬地「鳥辺野」は現在でも墓地

さらに坂を上っていくと、交通量の多い道に行きあう。東大路通だ。この辺りから、清水寺への参詣者も目に付くようになる。東大路通を左に折れれば八坂神社、右に折れれば大谷本廟(おおたにほんびょう)にたどり着くのだから、それも当然だろう。

じつはこの東大路通、平安時代からほとんど場所が変わっていない。奈良方面から北白川・比叡山に向かう人、東国から平安京に入ろうとする人などが通ったことだろう。この道を越えた辺りが、かつて鳥辺野と呼ばれた一帯だ。現在は鳥辺野というと、大谷本廟がある辺りから清水寺の下にかけてをいう。大谷本廟は浄土真宗の開祖・親鸞(しんらん)が弔われた場所に築かれたのだが、この場所が選ばれたのは偶然ではなく、もともと葬地だったからだろう。

風葬が廃れた後も、近世以前は墓標はなく卒塔婆が立てられていた

鳥辺野は現在も墓地として利用され、多数の墓石が並ぶ。平安から現代に至るまで、じつは清水寺のすぐ下には葬地が広がっているのだ。

茶わん坂ができてやや廃れた「清水坂」

清水寺の参道として平安時代に最も一般的だったのが、松原通から続く清水坂だ。しばらくは土産物店もなく比較的落ち着いた風情が続く。私たちが想像する観光客であふれる清水寺の参道が本格的に姿を現すのは、五条通から続く五条坂、八坂方面からつながる三年坂と合流する辺りからだ。これらの坂のうち、清水坂と三年坂は平安時代から位置をほとんど変えていない。

その後、室町時代に五条坂、明治時代に五条坂から分岐する茶わん坂が追加された。平安時代から道が増えずに現代を迎えていたら、どれだけ混雑していたことか。

ところで、三年坂とはなんとも奇妙な名前だ。この由来には諸説あるが、最も有力なのは産寧坂がなまったというもの。もともと清水寺ができる前から、この地には泰産寺（さんじ）という寺があり、その名にちなんで産寧坂と呼ばれたという。説の真偽は定かではないが、泰産寺という寺があったのは事実だ。現在、この泰産寺は清水寺の奥に移築されている。

後づけだった「清水の舞台」

そしていよいよ清水寺に到着する。老若男女、国籍を問わず多くの参詣者が集まっている。朱塗りの仁王門をくぐった辺りで振り返れば、京都市内が見渡せる。なかなかの絶景だ。

三年坂と五条坂が合流する辺り(三年坂側から)。観光シーズンには、歩くのにも困難なほどにぎわっている

清水寺といえば、多くの人が一番最初に思い出すのは清水の舞台だろう。ただの見晴らし台だと思っている人もいるかもしれないが、この建物が本堂だ。本尊は十一面千手千眼観立像。秘仏で公開は三三年ごととなっている。

さて、それでは舞台からは何が見え

るのだろう。仁王門の辺りから見た京都市内を上回る絶景を期待すると、少し肩透かしを食らうかもしれない。見えるのは境内の一部と東山の山並みだ。紅葉の時季なら確かにきれいだろうが、よく写真で見るような市街地の眺望のイメージとは一致しない。そもそも、清水の舞台は京都市内を向いていないのだ。じつは、よく清水寺のイメージとして使われる京都市内の眺望は、舞台からさらに奥に進んだ奥の院辺りからの景色。

では、清水の舞台は何を見るための施設なのだろう？　じつは寺名にその答えがある。そう、清水、つまり音羽の瀧だ。清水寺の創建について書かれた『続群書類従』によると、清水寺は奈良で修行を積んだ賢心という僧が、宝亀九年（七七八）、夢のお告げに従って清らかな水を見つけたことに始まるとされる。その後、征夷大将軍として知られる坂上田村麻呂が賢心の教えに感銘を受け、十一面千手千眼観立像を寄進したことで創建された。

崖と清らかな水といえば、仏教の世界では観音菩薩の住まう補陀落を連想するものだ。それでなくとも、鳥辺野という死で囲まれたなかに突如湧き出す清らかな水に、神仏の奇跡を感じるのも納得ではないだろうか。千本の手で多くの人を救ってくれると信じられた千手観音は、身分を問わず人々から厚い信仰を集めた。とくに都から近い清水寺は平安時代中期頃から爆発的に参詣者を増やすことになった。

じつは、清水の舞台が文献に登場するのは、『成通卿口伝日記』の藤原成通が舞台の欄干の上を蹴鞠をしながら往復したという記述が、今のところ最古だ。成通は平安末期の人物。清水寺創建とは時間差がある。

もしかしたら、音羽の瀧への参詣者であふれたためにつくられたのが、清水の舞台だったのかもしれない。

清水寺とその道行きは、人の信仰によって形づくられ、姿を変えてきた。そして、今でも平安の人々の信仰の形が刻まれているのだ。

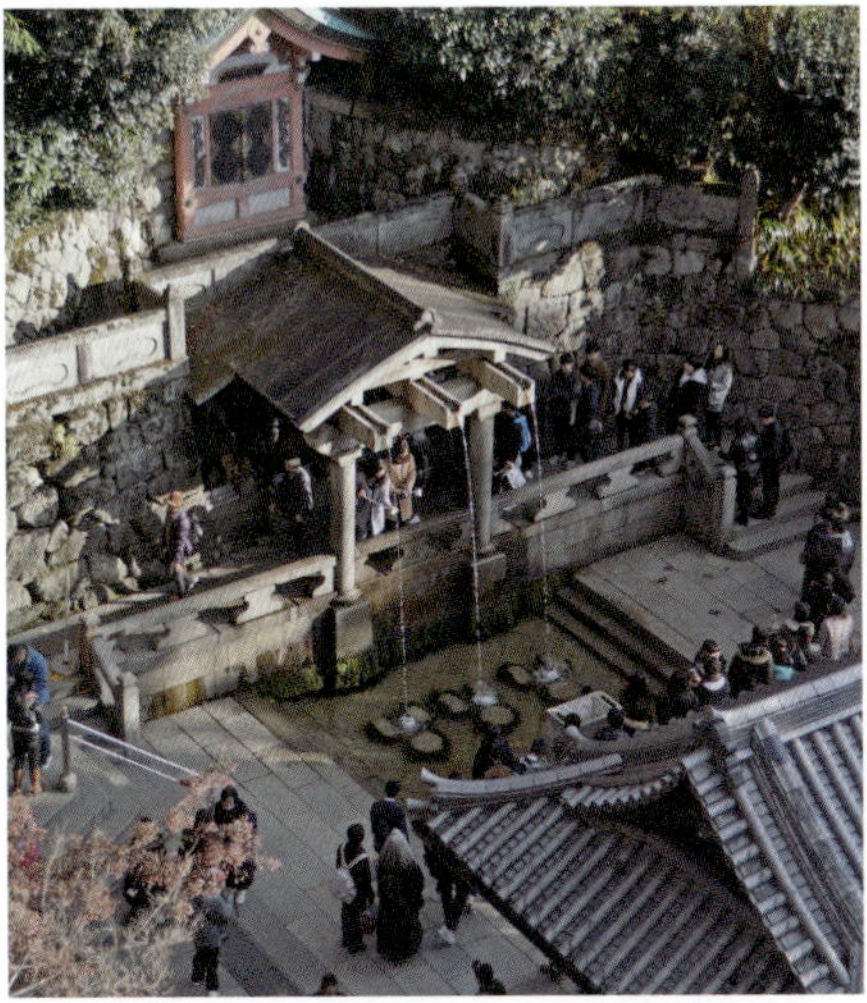

舞台から見た音羽の瀧。この水は、幾層もの地層で濾過された地下水脈が、断層運動によって分断されたことで湧き出している ▶市バス「清水道」「五条坂」など下車、徒歩10分／東山区清水1丁目294

平安時代後期

軍事・政治・交通を掌握した平氏が築いた六波羅の邸宅群

平氏の栄華コース――六波羅蜜寺、法住寺・蓮華王院など

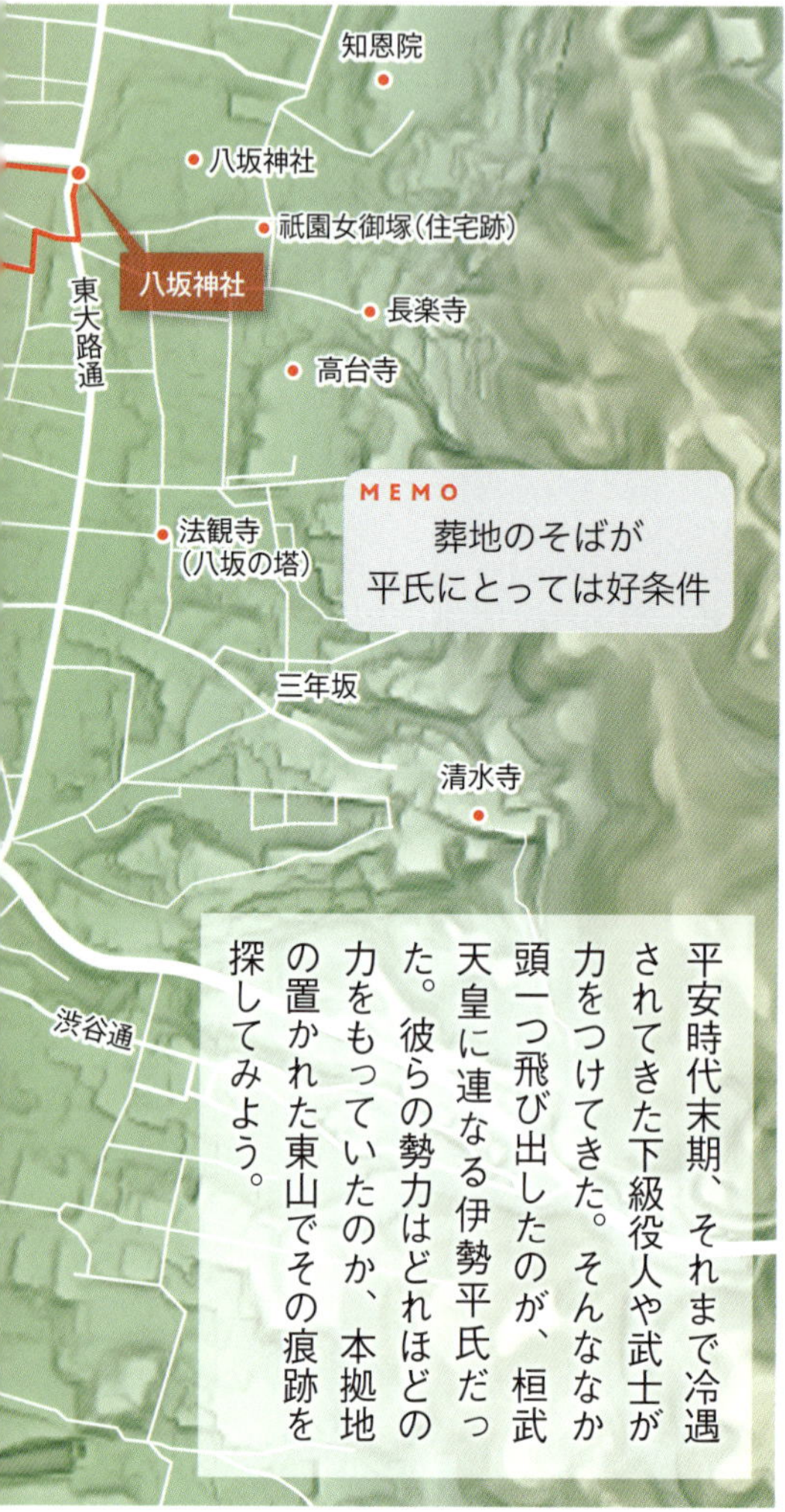

平安時代末期、それまで冷遇されてきた下級役人や武士が力をつけてきた。そんななか頭一つ飛び出したのが、桓武天皇に連なる伊勢平氏だった。彼らの勢力はどれほどの力をもっていたのか、本拠地の置かれた東山でその痕跡を探してみよう。

1km
500m
100m
START
阪急京都線
河原町駅
祇園四条駅
四条通
花見小路通
大和大路通
勅使門
建仁寺
佛光寺
河原町通
木屋町通
京阪本線
西御門町
松原通
六道珍皇寺
六波羅蜜寺
高瀬川
鴨川
清水五条駅
六波羅
五条通
MEMO
治承・寿永の乱で
栄華の跡はほぼ燃えた
市比賣神社
渋谷通
方広寺
豊国神社
東本願寺
京都国立博物館
七条駅
法住寺殿
七条通
智積院
法住寺・蓮華王院
GOAL

平氏が拠点を置いた「鴨川の東」

祇園観光の定番といえば、八坂神社と建仁寺だろう。この両者に共通して見ることができるのが、平氏のなごりだ。

八坂神社は平安時代には祇園社と呼ばれ、今以上の規模を誇っていた。祇園社と平氏の関わりといえば、『平家物語』がすぐに思い浮かぶ。応徳三年（一〇八六）に院政を開始し、平氏が力を付けるきっかけとなった白河上皇は、祇園女御という女性に会うためにたびたび祇園を訪れたという。その際に護衛を務めたのが、平清盛の父・平忠盛だ。忠盛は、白河上皇が勘違いから祇園社の僧を殺しそうになった際に無用な殺生を防いだという。その褒美として与えられたのが祇園女御、清盛を養育したともいわれる人物だ。この話と関係がある忠盛灯籠が現在でも八坂神社に残っている。

建仁寺の創建は鎌倉時代に入った建仁二年（一二〇二）のこと。時代がずれているように思えるが、今回見ておきたいのは境内南の勅使門だ。この門には、じつは清盛の長男・重盛の屋敷・六波羅第から移築したとか、清盛の弟・平教盛の館から移築したという伝承がある。遺構は鎌倉時代後期のものという調査結果が出ており、真偽

忠盛灯籠。白河上皇に斬られそうになった僧は、この灯籠に明かりを灯そうとしていたという ▶京阪本線「祇園四条」駅より徒歩5分／東山区祇園町北側625

のほどは定かではないが、鴨川の東と平氏の結びつきを感じさせる伝承だ。

それ以外にも、鴨川の東には祇園女御の館跡や清盛の娘・建礼門院ゆかりの長楽寺など、平氏に関する史跡が多い。というのも、この辺りは全盛期に平氏が拠点を置いた場所なのだ。

葬地周辺を利用した「六波羅」

勅使門から五条方面に向かっていくと、松原通にぶつかる。道を渡った辺りが、北御門町や西御門町。ただの住宅地にしか見えないが、この辺りから南が、平氏が拠点を置いた六波羅だ。かつては多数の屋敷が立ち並んでいた。

しかし、平安時代の都は鴨川の西までで、鴨川の東は進んで人の住む場所ではなかった。しかも、前コースで見たとおり、松原通沿いは葬地だったはずだ。なぜ、そんな場所に栄華を誇った平氏が拠点を置いたのだろうか？

六波羅（ろくはら）と平氏の縁は清盛の祖父・平正盛（まさもり）の代に始まる。天仁三年（一一一〇）頃、正盛は六波羅に自身と先祖のための阿弥陀堂を建立した。このときはまだお堂があっただけだったが、忠盛の代になって邸宅も置かれ、清盛の代になると発展は目覚ましいものとなった。『平家物語』の記述では五二〇〇棟もの建物が並んだという。

建仁寺勅使門。平氏の館から移築されたといわれる ▶京阪本線「祇園四条」駅より徒歩10分／東山区大和大路通四条下ル4丁目小松町584

かつて惣門（そうもん）や清盛の住む泉殿があった西御門町辺り。泉殿とは庭園に湧水を取り込んだ寝殿造りの屋敷のこと

六波羅蜜寺（ろくはらみつじ）本堂。宝物館には国宝の十一面観音立像のほか、空也上人立像や平清盛坐像が納められている ▶京阪本線「祇園四条」駅、「清水五条」駅より徒歩15分／東山区五条通大和大路上ル東

そう、この規模が問題だった。清盛が大出世するまでの平氏は、さほど高い地位をもっていたわけではない。既存勢力の強い都の内側には、大規模な邸宅をもちにくかったのだろう。

また、平安時代当時は、五条大路より南というと、かなりの田舎だった。平氏が巨大な居住空間をつくるためには好都合だったのだ。

しかし、治承七年（一一八三）、平氏が都から落ち延びる際に六波羅へ火を放ったため、当時の栄華を伝えるものは少ない。西御門町の辺りには、清盛の邸宅・泉殿があったことがわかっているが、痕跡はない。

わずかな栄華のなごり「六波羅蜜寺」

ほとんどなごりがないなかで、平氏の拠点としての六波羅と直接のつながりをもつ施設が、六波羅蜜寺だ。この寺院は、天暦五年（九五一）に醍醐天皇の皇子とされる空也上人が、十一面観音像を安置したのが始まりだという。当初は西光寺と称したが、空也上人の没後に六波羅蜜寺と改称された。先に述べた正盛の阿弥陀堂が建立されたのは、この六波羅蜜寺の敷地内だったため、六波羅蜜寺も平氏とともに拡大していった。なお、六波羅というのは、どうも創建以前からこの辺りを指す地名だったらしい。その由来は髑髏原が転じたともいうが、定かではない。

その後、治承四年（一一八〇）に始まった治承・寿永の乱、いわゆる源平合戦で本堂以外は焼失、鎌倉時代にも再建と焼失をくり返した。現在の建物は南北朝期に再建されたものだ。

また、六波羅一帯もその後しばらく激動のなかにさらされる。承久三年（一二二一）の承久の乱後、六波羅政庁が置かれ、京都を監視するために六波羅守護、いわゆる六波羅探題が配置された。六波羅政庁は平氏の六波羅以上の範囲に及び、現在の六条通辺りまでを含んだ。後醍醐天皇が蜂起した際は、京都における北条氏の拠点として、戦火にさらされることになる。このとき政庁の大部分が焼失した。現在は六波羅蜜寺の南側に、六波羅政庁があったことを示す碑が設置されるのみだ。

東海道への抜け道だった「渋谷通」

大和大路通という少し太めの道に沿って南に向かおう。現在の五条通を通りすぎ、少し歩くと、渋谷(しぶたに)通という細い道にたどり着く。住宅地のなかを通る、平凡な道にしか見えない。この辺りが平氏の館が立っていた南端だ。

この場所まで平氏が拠点を広げたのは、偶然なのだろうか？　おそらくは違う。じつは渋谷通はかつて非常に大きな意味をもつ道だった。

現在の東海道は山科からバイパスで

山科への近道として平安時代にはよく利用された渋谷通。現在も通ることができる

東山を越え、五条通につながる。しかし、平安時代には、蹴上を通り、平安京の北へつながるのが正規の道だった。ただ、今のバイパスのルートで抜けるのが近道であることは間違いない。その近道こそ、渋谷通だったのだ。つまり、平氏は東海道へと通じる要衝を押さえていたことになる。鎌倉幕府が六波羅に政庁を置いたのも、ただ場所が空いていたから、というだけではないだろう。

上皇と清盛の蜜月の象徴「蓮華王院」

さらに南へ向かうと方広寺や豊国神社、京都国立博物館などが左手に見えてくる。この辺りも京都観光では人気のエリアだ。そして、国立博物館から七条通を挟んだ向かいに見えるのが、蓮華王院。後白河上皇の勅願を受けて、長寛二年（一一六四）に平清盛が建立した寺院だ。のちに焼失するが文永三年（一二六六）に再建されている。

本堂は内陣の柱の間数が三三あることから、三十三間堂と呼ばれる。こちらの名前のほうがよく知られているだろう。一〇〇一体の千手観音立像や通し矢などが有名で、全国的にも知名度がある。

だがこの蓮華王院、もともとは法住寺殿という後白河上皇の院御所の区画の一部

蓮華王院の本堂。一時期荘園を失い廃れるが、豊臣秀吉が方広寺の一部として保護して以来、再度信仰を集める▶京阪本線「七条駅」より徒歩10分／東山区三十三間堂廻町657

に立っていた。現在、法住寺殿の名前を残す法住寺は蓮華王院の東側に立つ、さほど目立たない寺院だが、かつては北は豊国神社（とよくにじんじゃ）辺りから、南はＪＲ東海道本線の南側までを含む、広大な敷地をもつ院御所だった。

また、平氏の六波羅とほど近いことも重要だ。蓮華王院の存在からも、後白河上皇と清盛の非常に密な関係がうかがえる。清盛は自身の武力に加え、上皇の政治力、東国との交通の要衝までを押さえ、まさに万全の体制を築き上げていたのだ。しかし、それでも少しのほころびから滅び去ってしまうのだから、世の栄枯盛衰を感じずにはいられない。

江戸時代

祇園社コース——八坂神社、円山公園、花見小路通、建仁寺など

近代化とともに変わりゆく祇園と京都の花街

江戸時代初期、四条界隈に生まれた京都の花街。少しずつ形を変えながらも、祇園甲部、先斗町などの五花街、もしくは島原を追加した六花街として人々に愛され続けている。京都の近代化とともに変遷した京都最大の花街・祇園の歴史を追う。

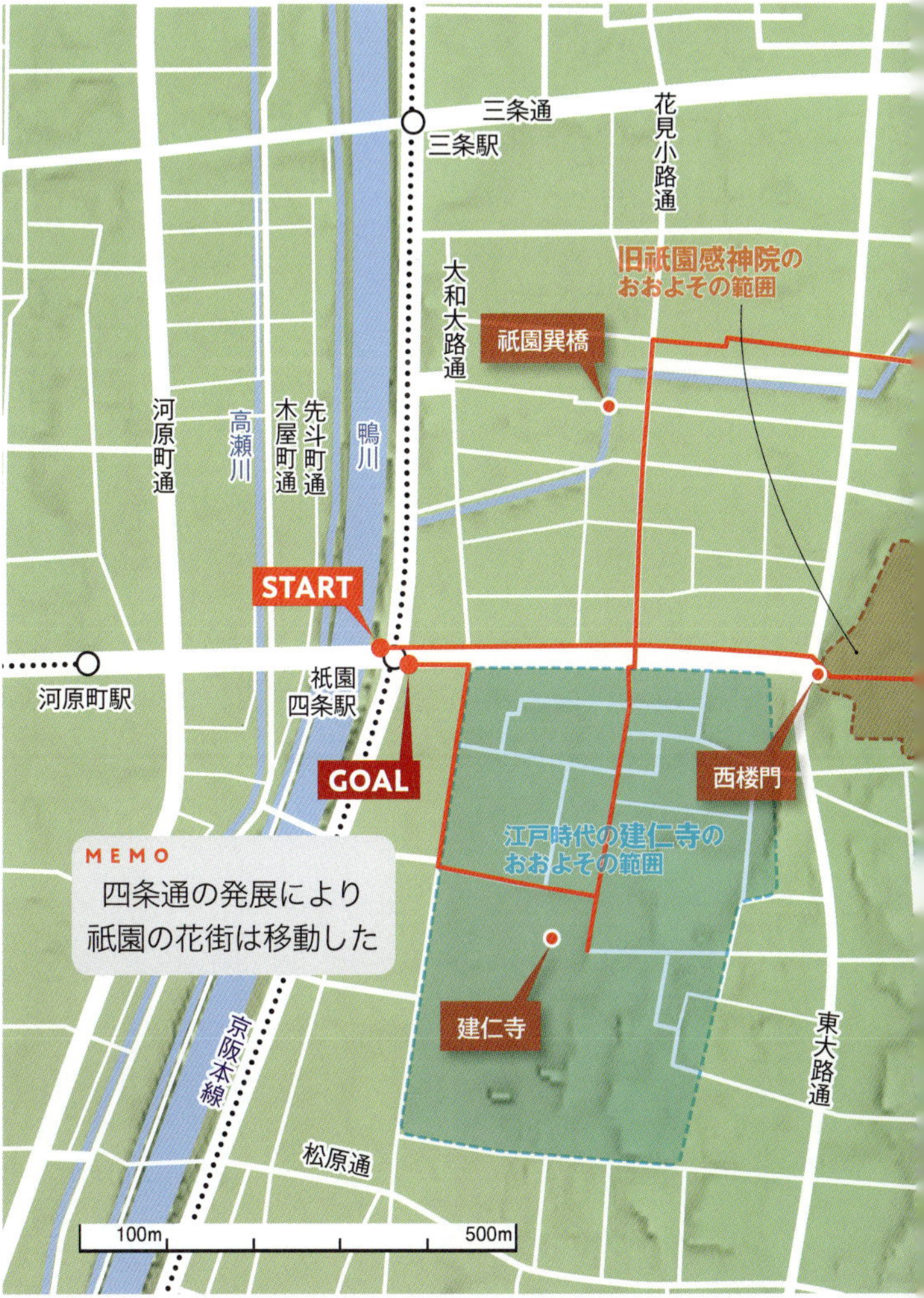
三条通
三条駅
花見小路通
旧祇園感神院のおおよその範囲
大和大路通
祇園巽橋
河原町通
高瀬川
木屋町通
先斗町通
鴨川
START
河原町駅
祇園四条駅
GOAL
西楼門
江戸時代の建仁寺のおおよその範囲
MEMO
四条通の発展により
祇園の花街は移動した
建仁寺
東大路通
京阪本線
松原通
100m
500m

「鴨川」の治水工事を機に発展

京阪本線祇園四条駅。地下から上がると、目の前が京都の目抜き通り、四条通だ。西は鴨川に架かる四条大橋、東は八坂神社へとつながっている。

鴨川は現在では川幅七〇メートルほどだが、かつては河原が東は大和大路通、西が河原町通辺りまで及び、川幅も倍程度あったことがわかっている。鴨川は古来、暴れ川として知られ、『平家物語』の巻一には、当時絶大な権力を誇った白河上皇が、「賀茂河の水、双六(すごろく)の賽(さい)、山法師」を思いどおりにならないものとして挙げている。

当然、何度も治水工事が行なわれてきた。代表的なのが、寛文一〇年（一六七〇）前後に江戸幕府が築堤した「寛文新堤(かんぶんしんてい)」だ。この治水工事によって先斗町辺りの護岸が整えられ、川幅が今より少し広い程度まで縮小した。

この工事により洪水の被害も少なくなった鴨川付近は、高瀬川沿いで商業が発展したことや、八坂神社への参拝客の存在もあって、おおいに繁栄することとなる。鴨川の河原付近は、かつては刑場として使われたり、貧しい人の住む場所だったのが一変、花街が形成されにぎわうことになった。江戸時代末期には、七〇〇軒ものお茶屋が立

八坂神社は、祇園の街のシンボル「祇園さん」として古くから親しまれ、近年は縁結びの社としても名高い▶京阪本線「祇園四条」駅より徒歩5分／東山区祇園町北側625

ち並んだというから、巨大さがわかるだろう。しかし、そんな花街も幕末から明治にかけての激動のなか、大きく姿を変えていくことになる。その痕跡をたどってみよう。

「祇園石段」が聖と俗を分かつ

四条通を真っすぐ東へ向かうと、八坂神社の西楼門（にしろうもん）が見える。祇園四条の駅から八坂神社まではゆるやかな上り坂になっており、西楼門はさらに二〇段ほどの石段の上に立っている。西楼門前は「祇園石段下」とも呼ばれる。

八坂神社の東側は東山に連なるから、上り坂なのは自然だ。しかし、八坂神社の西側にこれだけの段差があるのはどうしてだろうか。じつはこの石段は東山と京都盆地の断層崖にあたる。明治期には八坂神社の門前には祇園の花街が広がっていたはずだ。この段差によって、聖と俗との住み分けが、自然に行なわれていたということなのかもしれない。

さて、この西楼門の周辺をよく見ていくと、一つ気になるものが見つかる。「大正二年十一月　西門を移転改築為す」と刻まれた石碑だ。移築とはどういうことだろうか？　元は別の場所にあったのだろうか？　その答えはのちほど述べたいと思う。

ところで八坂神社の創祀は七世紀とも九世紀ともいわれるが、じつは江戸時代までの地図に八坂神社の名前はない。八坂神社は、明治時代までは「祇園感神院（ぎおんかんじんいん）」「祇園社」などと呼ばれていたのだ。祇園は「祇園精舎（ぎおんしょうじゃ）」に由来する。そう、仏教に関係する施設だった。時代によっては比叡山の末寺だったこともある。

この仏教との関係が、名前の変化に大きく関係している。じつは江戸時代までの日本では、神仏は明確に区別されるものではなかった。しかし、明治になると神道を国教化するために仏教と切り離し、仏教を排除しようという動きが起こった。いわゆる神仏分離と廃仏毀釈（きしゃく）だ。これにより、祇園社も神社か寺院かはっきりさせる必要が

円山公園は京都市最古の公園だ。広大な敷地には回遊式日本庭園を中心に料亭や茶店などが点在し、四季を問わずにぎわう ▶京阪本線「祇園四条」駅より徒歩10分／東山区円山町

生じ、八坂神社と名を変えることになったのだ。

廃仏毀釈が生んだ「円山公園」

八坂神社のさらに東には、桜の名所としても名高い円山公園がある。南は高台寺、北は知恩院、東は東山に接する、約三万坪もの敷地をもつ大公園だ。

かつて円山公園の一帯は「真葛原」と呼ばれ、北は知恩院三門前、南は雙林寺までの山麓一帯を指していた。鎌倉初期頃はその名のとおり、真葛やすすき、茅、萩などが一面に広がる原野であり、数多くの和歌に詠われる名所として粋人たちに愛されたという。

そんな真葛原が円山公園としての道を歩き始めたのは、明治一九年（一八八六）。明治時代の円山公園は、貸席（かしせき）や旅館が並ぶ歓楽街だった。しかし数度の火災で焼失。大正時代には現在のような形になったという。傾斜によって京都を一望できる立地は確かに遊興には適している。

また、その敷地には明治の宗教政策のなかで政府が祇園社から取り上げた土地も含まれていた。八坂神社は江戸時代まではもっと広かったのだ。

円山公園のさらに東へ進むと安養寺がある。安養寺（あんようじ）の山号・慈円山（じえんざん）は円山公園の名称の由来にもなっている。元はもう少し西に位置したが、祇園感神院同様、明治政府によって寺域が接収された結果、境内の伽藍や塔頭（たっちゅう）の多くは失われ、現在の位置に移っている。

このように、八坂神社をはじめとした鴨川東一帯の寺社は、明治に入って大きく姿を変えているのだ。それは花街も同様だった。明治までの祇園の花街は、現在とは異なり、祇園感神院の門前、四条通の両側に大きく広がっていたという。北は白川の流れる新橋、南は建仁寺、東は八坂神社前の東大路通、西は南座の東側を走る大和大路通周辺まで。一帯にはお茶屋や小料理屋が数多く並び非常に華やかな情景だった。

だが、現在の祇園のお茶屋はおもに四条通の南側に広がっている。四条通の北側も、料亭や町家を利用した店が軒を連ねるなど、往時の風情も残ってはいるが、おもなお茶屋は南側だ。これはなぜだろうか。

四条通の市電が「花街」を動かす

円山公園を下り再度西へ。一五〇メートルほど歩くと南北に走る花見小路通へと到達する。町家などが並び、祇園らしい風情を感じさせる街並みに、バーや居酒屋など現代らしい風情が入り交じる不思議な一帯だ。

花見小路・一力亭。元の屋号は「万亭」だったが、歌舞伎（かぶき）の「仮名手本忠臣蔵」に「一力」の名で登場したためのちに名を改めた
▶京阪本線「祇園四条」駅より徒歩5分／東山区祇園町南側569

花見小路を南に進み四条通に戻ってくると、一際立派な赤い壁の建物が目に入る。これが「祇園一力亭（いちりきてい）」だ。一力亭は祇園で

も最も由緒のあるお茶屋の一つ。大石内蔵助が豪遊したとの話が残り、近藤勇や大久保利通、西郷隆盛ら幕末の志士が足繁く通ったともいう。祇園には現在も複数のお茶屋があるが、江戸時代から三〇〇年以上にわたり、変わらず営業を続けているのはここだけだ。

しかし、一力亭も歴史のなかで姿を変えている。じつは、かつて一力亭の玄関は四条通に面していたのだ。この変化が起こった理由が、大正時代に出された「四条通に面した茶屋は営業停止」という政府からの命令だった。

祇園の花街が大きく変わったのは明治四五年（一九一二）。四条通に市電が通ったことがきっかけだ。市電は路面電車だったから、道路上に敷設された軌道を走った。人の往来を妨げずに四条通に路面電車を走らせるためには、四条通を広げる必要があった。

市電が通ると、四条通にはこれまで以上に人通りが増えた。そうすると、「老若男女が行き交う京のメインストリートに花街が面しているのは風紀上好ましくない」という声が出てくる。性的な要素を含む空間が目立つ場所にあるのはまずいとされるのも自然な流れで、花街は移転を余儀なくされることとなったのだ。

京都で最初の禅寺・建仁寺。俵屋宗達作の『風神雷神図』や、法堂天井に描かれた畳108枚分の『大双龍図』などが有名 ▶京阪本線「祇園四条」駅より徒歩7分／東山区大和大路通四条下ル小松町584

ところで、先ほど紹介した八坂神社の西楼門の移動が行なわれたのも、このときのことだ。西から四条通を見た際に、八坂神社が中心になるように西楼門を東へ六メートル、北へ三メートル移動して景観を調整したのだ。移動と同時に翼廊を建て、現在の姿となった。

かつての「建仁寺」境内が大きく変貌

石畳の花見小路通を南へ。二〇〇メートルほど歩くと、建仁寺やその塔頭が姿を現す。花見小路には、今もお茶屋が立ち並び、運がよければ芸妓さんや舞妓さんの姿を見ることもできる。

建仁寺もまた廃仏毀釈の影響を受けて

花見小路。車も十分に通れる道幅がある

いる。江戸時代、四条通の南側は建仁寺の境内。花見小路界隈（かいわい）も塔頭が立ち並ぶ寺町だったが、廃仏毀釈によって塔頭の統廃合が行なわれ、余った境内の北側が接収されている。これにより、建仁寺の規模は半分以下になった。現在の建仁寺が非常にいびつな形状をしているのは、元の敷地の一部を接収されたからなのだ。

じつは、この接収された敷地こそが、お茶屋が四条通南側に集中している理由だ。政府は建仁寺の北半分を祇園の組合に払い下げ、その地にお茶屋などがつくられることになった。だから、お茶屋などの祇園らしい施設は南側に集中しているのだ。

また、花見小路は昔ながらの街並みというには道幅が広い。これは車が通ることなどを想定しているからだろう。こうして、私たちのよく知る祇園の「昔ながら」の街並みがつくられることになったのだ。

PART 3
京都駅周辺

京都駅北口の景色。右側上部に見えるのが京都タワー
ⓒKentaro Ohno

戦国時代(安土桃山時代以前)の下京
悪王子社
田寺
五条橋
六波羅蜜寺
万寿寺
歓喜光寺
汁谷仏光寺
妙法院
金光寺
三十三間堂
法性寺
東福寺
西洞院大路
町尻小路
室町小路
烏丸小路
東洞院大路
高倉小路
万里小路
富小路
京極大路

下京区
東本願寺
渉成園
京都駅
京都タワー
三十三間堂
京都美術工芸大
豊国神社
方広寺石塁
妙法院
智積院庭園
養源院
後白河天皇陵
建仁寺
池坊短大
仏光寺
アバンティホール
地下鉄烏丸線
祇園四条駅
河原町駅
四条駅
清水五条駅
五条駅
七条駅
東福寺駅
九条駅
四条通
五条通
七条通
塩小路通
九条通
松原通
烏丸通
室町通
新町通
東洞院通
高倉通
柳馬場通
河原町通
宮川町通
大和大路通
高瀬川
四条大橋
五条大橋
七条大橋
塩小路橋
東山橋
1km
500m

丸駅
四条通
38
池坊短大
四条駅
河原町駅
祇園四条駅
四条大橋
宮川町通
36
35.9
東洞院通
佛光寺
高倉通
柳馬場通
麩屋町通
建仁寺
松原通
367
霊洞院庭園
寿寺通
新町通
室町通
五条通
清水五条駅
大和大路通
1
8
五条駅
五条大橋
下京区
烏丸通
河原町通
24
方広寺石塁お
30.7
渉成園
東本願寺
(特)
園
豊国神社
京都美術工芸大
高瀬川
七条大橋
七条駅
妙法院
七条通
養源院
塩小路橋
三十三間堂
智積院庭園
塩小路通
京都タワー
京都駅
28.7
後白河天皇陵
44.5
京都駅
アバンティホール
地下鉄烏丸線
道
東福寺駅
500m
1km
東山橋
九条通
九条駅
24.0
泉

阪急京都線
京福電鉄嵐山本線
四条大宮駅
綾小路
猪熊通
堀川通
壬生寺
山陰本線
京都看護大
五条通
中堂寺
京都リサーチパーク
丹波口駅
大宮通
櫛笥通
本願寺境内
油小路通
花屋町通
卸売市場
壬生川通
御前通
西本願寺
滴翠園
下京区
朱雀
七条通
龍谷大
興正寺
梅小路公園
梅小路
京都貨物駅
東寺
八条
堀川
東寺西門道
唐橋
西寺跡
東寺駅
九条通

阪急京都線
四条大宮駅
京福電鉄嵐山本線
綾小路
堀川通
猪熊通
壬生寺
山陰本線
公園通
五条通
大宮通
中堂寺
京都リサーチパーク
丹波口駅
櫛笥通
卸売市場
花屋町通
壬生川通
本願寺境内
西本願寺
本願寺大書院
滴翠園
御前通
下京区
龍谷大
興正寺
七条通
朱雀
梅小路
梅小路公園
京都貨物駅
東寺
八条
東寺西門通
唐橋
西寺跡
九条通
東寺駅

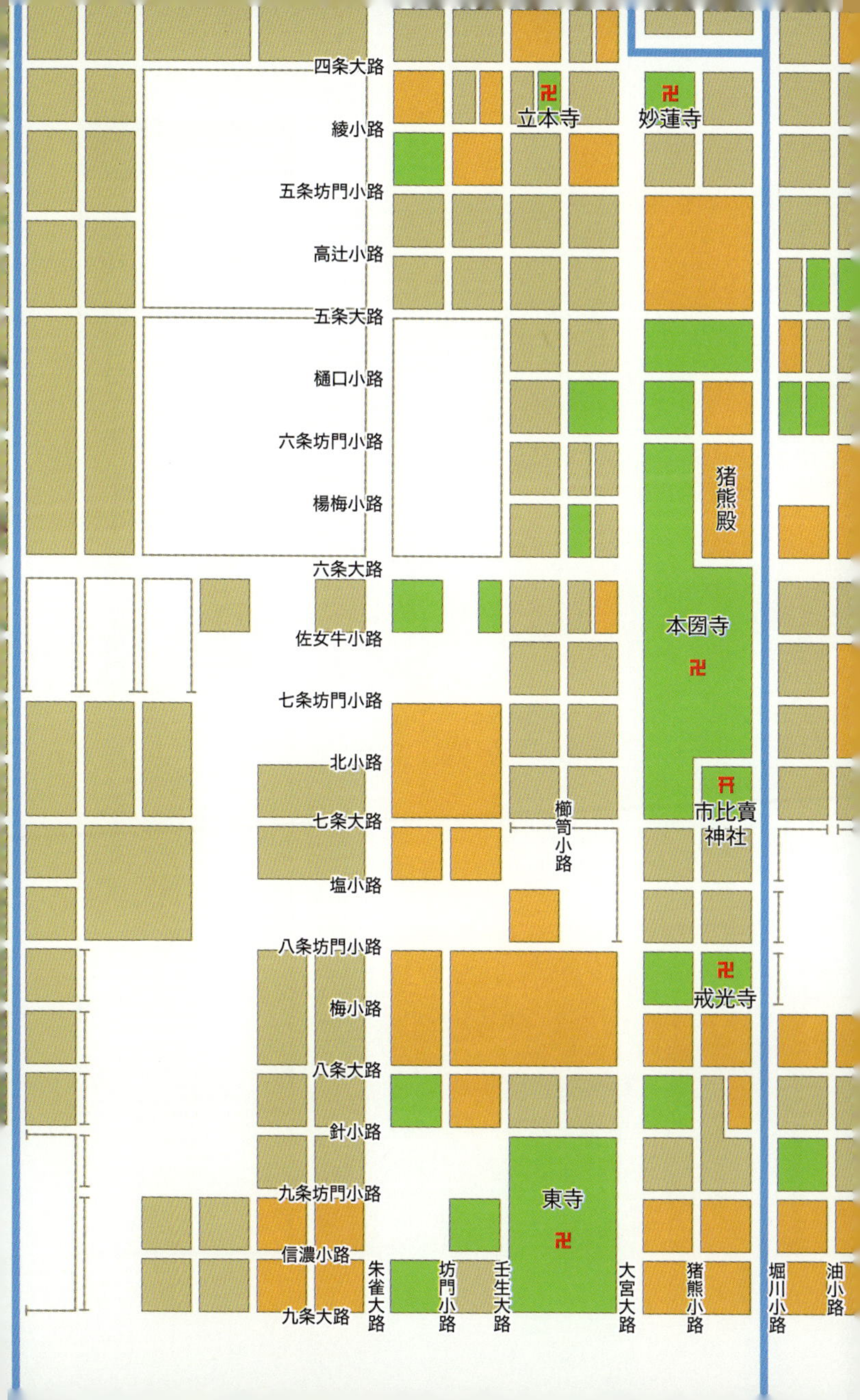
四条大路
綾小路
五条坊門小路
高辻小路
五条大路
樋口小路
六条坊門小路
楊梅小路
六条大路
佐女牛小路
七条坊門小路
北小路
七条大路
塩小路
八条坊門小路
梅小路
八条大路
針小路
九条坊門小路
信濃小路
九条大路
朱雀大路
坊門小路
壬生大路
大宮大路
猪熊小路
堀川小路
油小路
櫛笥小路
立本寺
妙蓮寺
猪熊殿
本圀寺
市比賣神社
戒光寺
東寺

平安時代

東寺・西寺コース —— 東寺、羅城門遺址、西寺阯など

平安京を守っていた「東寺」と「西寺」の明暗

平安京の南端は現在の九条通だった。中心には平安京の表玄関である羅城門があり、その両脇には東寺と西寺があった。西寺と羅城門は復興することなく現在に至るが、東寺は何度も再建されている。

空海の人徳によって再建され続けた「東寺」

現在、京都市内には約一七〇〇の寺院がある。しかし、造営当初の平安京では国立の宗教施設である東寺と西寺以外の寺社をつくることが許されていなかった。その理由については諸説あり、奈良時代は有力寺院や有力僧が政治に深く関与していたのだが、弊害が多かったため桓武天皇が刷新しようとしたというのが定説だ。羅城門の両脇に東寺と西寺が置かれたのは、仏教の力で国を安定させる目的があったのだろう。

京都駅を南に進み、九条通を西に向かうと東寺に着く。東寺は、延暦一五年（七九六）に創建され、弘仁一四年（八二三）に嵯峨天皇から弘法大師（空海）に下賜された。その後、真言密教の根本道場として、庶民の信仰を集めた。境内地は東西二町、南北二町の二四〇メートル四方で、現在もほぼ同じ広さだ。なお、東寺の正式名称は教王護国寺だが、これは弘法大師によって付けられた名前で、建立された当初は東寺という名称が使われていた。建物のほとんどは室町時代以降に再建されたもの。しかし、寺域や伽藍の配置は創建時からあまり変わっていない。そのため、平安京時代の様子を伝える貴重な寺院なのだ。

東寺の正門は九条通に面して立つ、南大門だ。南大門、金堂、講堂、その延長線上に食堂（じきどう）が一直線に並んでいる。注目したいのは今も昔も京のシンボル、国宝の五重塔（ごじゅうのとう）。平安時代の天長三年（八二六）、弘法大師が創建に着手し、五〇年の年月をかけて完成させた。高さ五五メートル、日本で最も高い木造の塔だ。平安時代には、東寺と西寺それぞれの五重塔がそびえていた。この五重塔は過去四度焼失していて、東寺自体も幾度も火災に見舞われている。そのたびに源頼朝、豊臣秀吉、徳川家康ら時の権力者の支援を得て再建された。弘法大師が絶大な信頼と信仰を受けていた証拠だろう。

　大通りに面しているもの

東寺の五重塔。現存する五重塔は、徳川家光により寛永21年（1644）に再建されたもの ▶近鉄京都線「東寺」駅より徒歩10分／南区九条町1

の、重厚な壁に囲まれているため境内はいつも静か。広い境内にはゆったりとした平安の空気が流れており、地元の人や観光客がのんびり散策している。東寺がにぎわうのは、毎月二一日の縁日・弘法市だ。弘法大師が入滅した二一日に行なわれる供養でもあり、縁日は延応元年（一二三九）以降毎月行なわれている。境内には骨董（こっとう）や古着の着物、食べ物など約一二〇〇もの露店が並ぶ。

東寺の北に残る「櫛笥小路」

当初の平安京では二五メートル以上の幅がある主要道路としての大路と、建物をつなぐ一二メートル幅の小路の役割は明確に分けられていた。それはじょじょに崩れていき、やがて田畑や宅地ができる過程で元来の道は失われていった。

そのなかで唯一、平安時代から場所と道幅が変わらない道が櫛笥通（くしげどおり）にある。それは東寺の北大門から北総門まで続く幅一二メートルの石畳、かつての櫛笥小路だ。元は一条から九条まで続いていたが、大内裏や神泉苑（しんせんえん）、聚楽第（じゅらくてい）などによって細かく分断された。しかし、この部分は東寺への参道として現在まで維持されてきたのだ。通りの西側には宝物館（ほうもつかん）、東側には、僧侶の養成機関だった観智院（かんちいん）が見える。宝物館が開館

東寺の北大門。手前に見える石畳がかつての櫛笥小路 ▶近鉄京都線「東寺」駅より徒歩10分/南区九条町1

するのは春と秋の特別公開期間のみ。羅城門の楼上にまつられていた兜跋毘沙門天（とばつびしゃもんてん）などを見ることができる。

宝物館の北には真言宗系の私立洛南中学・高等学校がある。弘法大師が天長五年（八二八）に、日本で初めて庶民のための教育の場としてつくった綜芸種智院（しゅげいしゅちいん）をルーツとする名門校だ。櫛笥小路を歩くと、時間帯によっては生徒たちの元気な声が聞こえてくる。

平安京の表玄関「羅城門」

平安京のモデルとなった唐の長安には外部と内部を区別する城壁があり、内部だけに首都の機能をもたせていた。だが、平安京は異民族や外敵の侵入を恐れる必要がなかったのか、形式的に簡単な囲いがつくられただけだった。

そんな平安京の表玄関は、羅城門（らじょうもん）だった。現在の千本通にあたる朱雀大路があり、南端の九条大路のちょうど中央に羅城門を据えたのだ。

九条通の国道1号線交差点から西に進み、羅城門遺址（いし）へ。羅城門は幅約三五メートル、奥行き約九メートル、高さ約二一メートルの二重楼閣で、出入口が三つあり、門の左右には羅城（築地塀）が取り付けてあった。朱雀大路の入口をまたぎ、羅城門の内外には溝があって橋が架けられていた。橋の北側は九条大路、南側は平安京の外だった。

豪壮な楼門である羅城門が立っていたのは、わずか一八〇年ほどだった。弘仁七年（八一六）に大風で倒壊し、その後まもなく再建されるが、天元三年（九八〇）に暴風でふたたび倒壊する。羅城門は約三五メートルの幅に対して奥行きが約九メートルと短く、風に弱かったのだ。それ以降、再建されることはなかった。

そもそも羅城門は、渤海（ぼっかい）や新羅（しらぎ）など外国からの使節を迎え入れるためにつくられた表玄関だった。しだいに使節が途絶えたので、再建の必要もなかったようだ。平安末

羅城門遺址。現在は花園児童公園内に石碑が建てられているのみ ▶近鉄京都線「東寺」駅より徒歩15分/南区唐橋羅城門町54

期には荒廃し、礎石が残っている程度で、死人や盗人がいる魔界と化していた。『今昔物語集』には「盗人が、門の上で死人の髪を盗んでいる老婆を見つけ、その老婆の衣を奪って去る」という話が書かれている。この話をベースにしたのが、芥川龍之介の小説『羅生門』だ。

現在は児童公園に石碑があるが、実際の場所は公園の南側の九条通の中央辺りだったといわれている。発掘調査は何度か行なわれているが、羅城門の遺構などの痕跡はまだ発見されていない。豊臣秀吉の時代、御土居から流れる水をためる池をつくった際に削られてしまったと考えられている。

羅城門復元模型。10分の1サイズで再現したもの。夜になるとライトアップされる ▶各線「京都」駅よりすぐ／下京区東塩小路釜殿町

羅城門の外観は、朱塗りの柱に白い土壁がある中国風の楼閣だった。京都駅北口広場には、羅城門を一〇分の一サイズで再現した模型が展示されている。

当初は東寺と対だった「西寺」

九条通を西に、七本松通を北に二〇〇メートルほど進むと、唐橋西寺公園が見える。西寺は平安京が遷都されてからすぐの延暦一五年（七九六）年頃から、羅城門の西側に、東寺と対称に造営された。金堂や講堂を中心として、南大門、中門、僧房、食堂などが立ち、国家の寺として隆盛を誇っていた。寺域は東西が二五〇メートル、南北五一〇メートルだった。嵯峨天皇から守敏僧都（しゅびんそうず）に与えられ、国家鎮護の官寺として発展していた。

西寺は天長九年（八三二）に講堂が完成したが、正暦（しょうりゃく）元年（九九〇）の大火事で焼失した。ある程度までは再建されていたが、天福元年（一二三三）の火災で焼け落

史蹟西寺阯。平安京建都時に建立されたが、たび重なる火災により姿を消した西寺の跡に建てられた碑 ▶JR東海道本線「西大路」駅より徒歩7分/南区唐橋西寺町

ち、その後再建されることはなかった。現在は唐橋西寺公園内に、講堂跡と思われる小高い土壇が残されてあり、その上に「史蹟西寺阯」の石碑が立っている。現在見ることができる西寺の痕跡はこれだけだ。

当初の西寺は東寺よりも力が強かったといわれ、国忌（こっき）などの重要な仏事は西寺で行なわれていた。しかし、律令体制が衰退するとともに荒廃していった。弘法大師との雨乞い勝負に守敏が負け、信頼を失っていたことが関係するという説もある。往時の面影を残す東寺と、石碑のみとなった西寺。かつて並び立っていた二つの寺の明暗は大きく分かれている。

安土桃山時代

豊臣秀吉と仏教コース ―― 西本願寺、東本願寺、五条大橋、豊国神社など

秀吉の描いた新たな京都と幻の大仏の痕跡を巡る

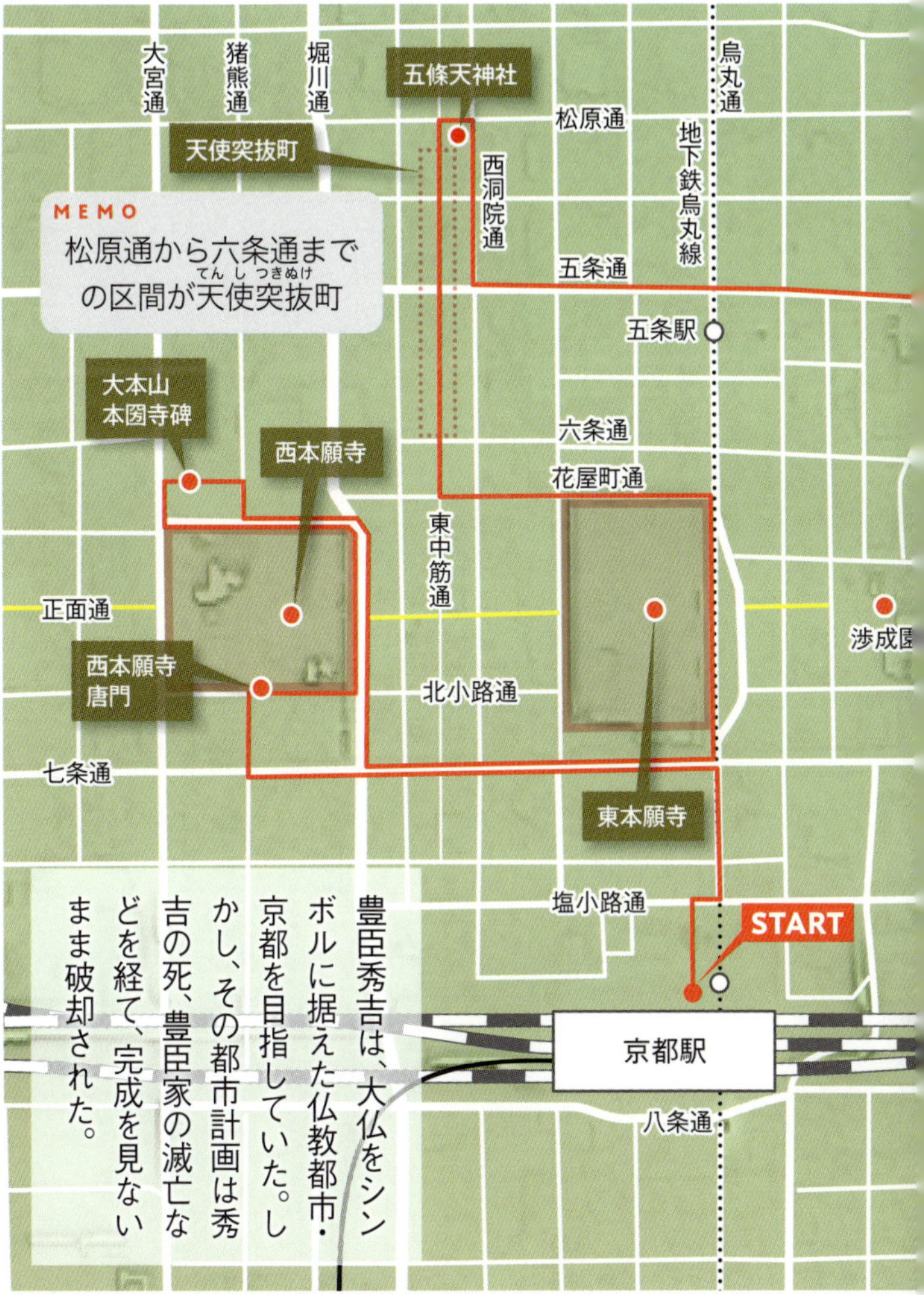

豊臣秀吉は、大仏をシンボルに据えた仏教都市・京都を目指していた。しかし、その都市計画は秀吉の死、豊臣家の滅亡などを経て、完成を見ないまま破却された。

東西に並び立つ二つの「本願寺」

京都駅から烏丸通を北へ。そのまま北進を続けると東本願寺が見えてくるが、まずは七条通を西へ行こう。猪熊通との交差点北側にある門をくぐり、北小路通まで進むと西本願寺の唐門に到着する。本願寺といえば、信長と苛烈な争いをしたことで知られるが、秀吉の代には関係が改善していた。各地を転々としていた本願寺を京都に呼び、土地を与えて本願寺を再興させたのが西本願寺だ。唐門をはじめ、飛雲閣、白書院、北能舞台など、西本願寺には当時の建造物が残っており、秀吉も愛した雄大で豪華な桃山文化を堪能できる。なかでも南側にある国宝の唐門は絢爛で、一説には聚楽第や伏見城の遺構ではないかともされるほどだ。

本願寺顕如亡き後の本願寺では長男・教如と三男・准如の間で後継者争いが勃発。西本願寺は准如が継いだ。しかし秀吉死後の慶長七年（一六〇二）、徳川家康が教如に東本願寺を寄進。一向一揆で警戒心をもっていた家康は、強大な力をもっていた本願寺のさらなる勢力増大を阻止しようとした。教如と准如の後継者争いに乗じて、本願寺を東西に分割したのだ。

大本山本圀寺の石碑。花屋町通より一筋北の通りに建てられている。本圀寺の西総門があった場所だとされる ▶各線「京都」駅より徒歩15分／下京区柿本町

西本願寺が成立する前、北側に本圀寺（ほんこくじ）という大寺院があり、秀吉は本圀寺の寺域を二割ほど削って西本願寺としたという。それでも南北は七条通から西本願寺の北端を通る花屋町通まで、東西は西本願寺と同じく堀川通から大宮通まであったというから、いかに大きな寺院だったかがわかるだろう。

本圀寺は昭和四六年（一九七一）、京都山科に場所を移したが、西本願寺の西側を通る大宮通を北へ進み、花屋町通から五〇メートルほど先の通りの東側、かつて本圀寺の西総門があった地に行くと、「大本山本圀寺」と刻まれた碑が建てられている。

秀吉が呼び名を変えた「五条」と「天使突抜」

東本願寺の北端にある花屋町通を西に行くと、東中筋通という細い道がある。五条通を挟んだ松原通から六条通までの区間が「天使突抜町（てんしつきぬけ）」だ。ロマンティックな名前だが、じつはこの町名には京都人の嫌味がこもっている。

秀吉は新京都整備の一環として、公家の暮らす上京と民衆の住む商業地区・下京をつなぐ道をつくった。この新道を「突抜」と呼んだのだが、「天使の宮」「天使社」と呼ばれて民衆に愛された五條天神宮を突き抜け、強引に道を新設したのだ。そのことへの皮肉を込めて「天使突抜」と呼んだのだろう。五條天神宮は東中筋通の一本東、西洞院通（にしのとういんどおり）と松原通の交差点付近に、マンションに囲まれて今も残っている。

西洞院通を南へ。五条通を東へ一・二キロメートルほど進むと、現在の五条大橋に着く。鴨川に架かるこの橋は、秀吉によって架けられた。当時の五条通は「大仏通」、橋は「大仏通橋」と呼ばれたともいう。橋は当時のものではないが、橋の高欄には擬宝珠（ぎぼし）が飾られており、なかには正保二年（一六四五）の銘が刻まれているものもある。当時の橋脚は京都国立博物館の庭に展示されている。

五条大橋。かつては木造橋だったが、天正18年(1590)に三条大橋とともに石柱橋へと改修された ▶京阪本線「清水五条」駅すぐ／五条通

秀吉がこの橋を架ける以前、現在の五条通は「六条坊門小路(ろくじょうぼうもんこうじ)」と呼ばれていた。かつての五条大路・五条橋は三〇〇メートルほど北にあり、現在は松原通・松原橋へと名を変えている。平安京から続く地名が秀吉によって変更されてしまったのだ。秀吉は五条通と橋を東国への入口にするとともに、本拠・伏見城へとつながる伏見街道の拠点にしようとしたのだろう。

現在の五条大橋のたもとには、弁慶(べんけい)と牛若丸(うしわかまる)の石像が建てられている。しかし「京の五条の橋の上」から始まる二人の出会いは、この五条大橋ではなく、現在の松原橋で行なわれたものだったのだ。

「正面通」の正面に見えるもの

川端通を四〇〇メートルほど南へ進み、正面通を東へ歩くと豊国神社（とよくにじんじゃ）が見えてくる。この正面通は西本願寺、東本願寺、東本願寺の飛地境内（とびちけいだい）・渉成園（しょうせいえん）などで中断するものの、大和大路通から千本通まで東西に続いている。正面通の〝正面〟には、かつて方広寺があり、秀吉はこの寺に日本一の大仏建立を夢見た。つまり「正面」とは京の大仏の正面という意味。秀吉の描いた新たな京都のシンボルともなり、メインストリートとしてにぎわうはずだったが、現在は人通りが少なく、静かだ。

現在、正面通の東端にあるのは秀吉をまつった豊国神社だ。かつて東西一八四メートル、南北二四五メートル、現在の方広寺境内に加え、豊国神社、京都国立博物館、妙法院（みょうほういん）、智積院（ちしゃくいん）、三十三間堂（さんじゅうさんげんどう）の範囲をも含む広大な伽藍を誇った方広寺は、たび重なる焼失と再建、豊臣氏滅亡などを経て数分の一ほどに縮小され、正面より北側に移った。

方広寺の大仏建立事業が始まったのは、秀吉が全国統一を目前にした天正一四年（一五八六）。戦火で焼失した東大寺・奈良の大仏よりも大きく、豪華な大仏を作成し、

正面通。まっすぐ進んだ先に、豊国神社の鳥居が見える ▶京阪本線「七条」駅より徒歩5分/東山区本町4丁目、新5丁目付近

京を守護したかったのだろう。大仏殿は東西五四メートル、南北八八メートルと大坂城天守閣よりも大規模で、内部には座高一九メートルの大仏が鎮座する予定だった。しかし、開眼(かいげん)法要目前の文禄五年(一五九六)に慶長伏見地震によって倒壊。その後も火災や地震、落雷など、再建のたびに焼失してしまった。

現在の方広寺に往時のなごりは少ないが、豊臣秀頼が方広寺の大仏をふたたび造立する際、同時に鋳造した鐘が残っている。「国家安康」「君臣豊楽」の文字が家康の名を分割していると家康が難癖をつけ、豊臣氏滅亡をはかった「鐘銘事件」の鐘だ。また、寺域の西側に立つ石垣「太閣石垣」は、秀吉にゆかりのある巨石でできており、寄進した諸将の家紋も確認できる。

大仏殿跡地には豊国神社が立つが、中心部分の遺構は神社の東側に位置する。遺構は発掘調査後に埋め戻されたが、大仏殿跡緑地として緑地化され、基壇の位置が小舗石（しょうほせき）や板石で示されるなど、壮麗だった大仏殿を体感できる。また大仏殿の敷石や建築部材の一部は、方広寺の南側にある京都国立博物館の庭に展示されている。

豊国神社にまつられているのは、豊臣秀吉だ。秀吉の死後、遺体は東山三十六峰の一つ、阿弥陀ヶ峯（あみだがみね）中腹に埋葬され、山麓には秀吉を「豊国大明神」としてまつる神社が創建された。廟所（びょうしょ）は現在の豊国神社より山側、三十三間堂からさらに東へと進んだ辺り一帯だったという。

しかし豊臣家滅亡後は廃祀（はいし）され、江戸幕府の意向もあって二五〇年もの間捨て置かれていた。慶応四年（一八六八）、明治天皇の言によって再興が決定。その後、明治一三年（一八八〇）に現在の社殿が完成した。秀吉ゆかりの桐紋やひょうたんなどが見られるほか、唐門に伏見城の城門が再利用されているなど、秀吉や豊臣氏の足跡をそこかしこに感じることができる。

三十三間堂太閤塀。京の大仏が何度も地震で倒壊しているのに対し、耐震構造で建てられているために鎌倉時代の建物が現存している ▶京阪本線「七条」駅より徒歩7分/東山区三十三間堂廻り町657

三十三間堂につくった「太閤塀」

大和大路七条交差点から東へ一〇〇メートルほど進むと、南側に三十三間堂がある。本尊の千手観音坐像と、一〇〇一体の千手観音立像、また弓道の「通し矢」で知られるこの寺院の正式名称は蓮華王院（れんげおういん）という。創建時は五重塔などもあったが、建長元年（一二四九）に焼失後、本堂のみが再建された。

三十三間堂も方広寺の寺域に含まれたため、秀吉が門と土塀を寄進。現在も残る南大門と築地塀がそれだ。南大門に接した木骨土造の築地塀「太閤塀（たいこうべい）」は、方広寺の南限を示していたという。

幕末

壬生・島原コース——八木邸、壬生寺、島原、西本願寺屯所など

ロマンとともに幕末を駆け抜けた新選組の足跡を追う

幕末、京都を中心に治安組織として活動した新選組。倒れゆく幕府を守ろうと戦い、節義を守り抜いて散っていった彼らの姿は、現代にも語り継がれ、憧れの対象となっている。浅葱色（あさぎいろ）にダンダラ模様の羽織を着て、京を歩き回ったともいう彼らの聖地を巡礼しよう。

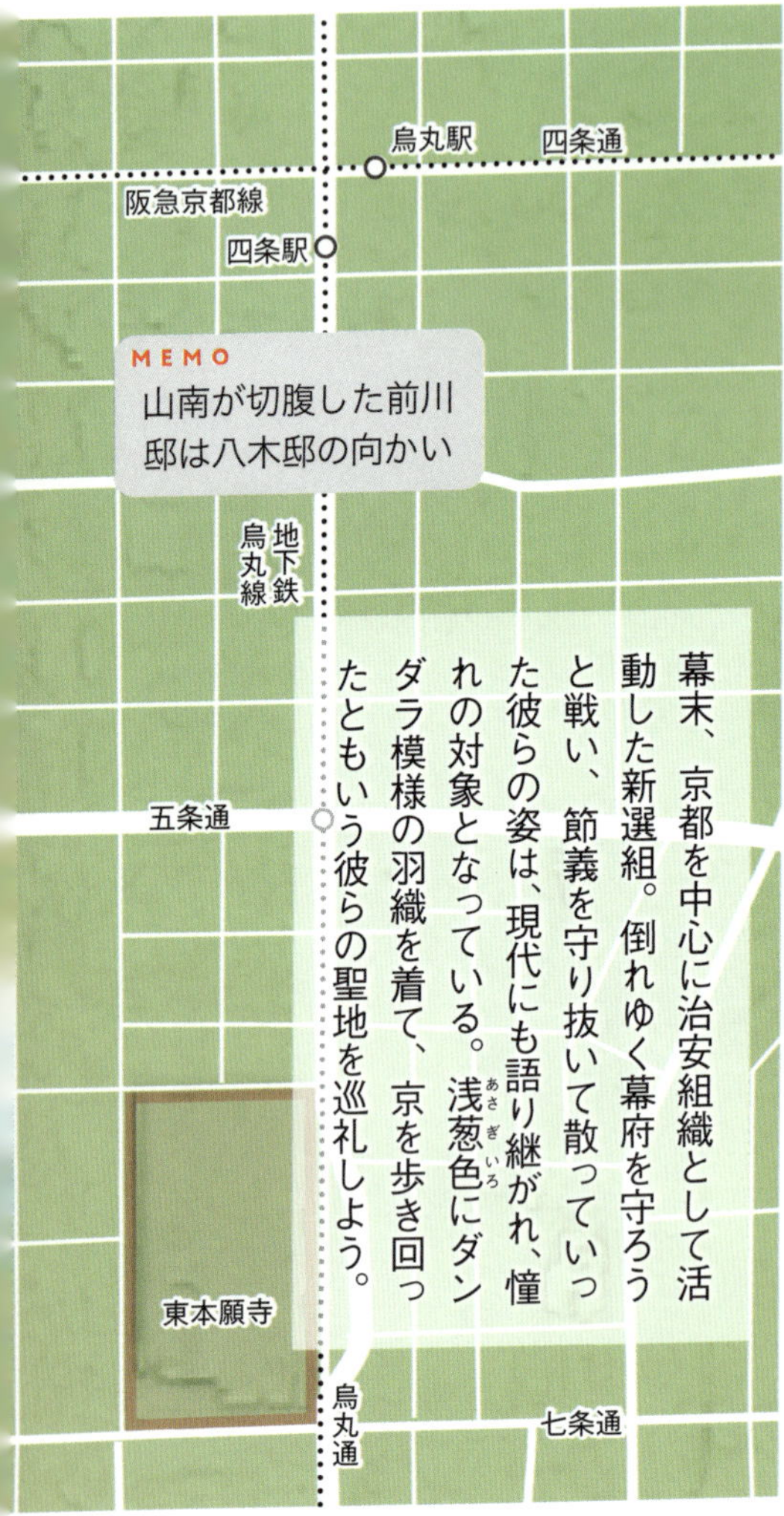

100m
500m
八木邸
四条大宮駅
大宮駅
START
京福電鉄嵐山本線
綾小路通
旧前川邸
仏光寺通
光縁寺
壬生寺
高辻通
松原通
MEMO
壬生寺には隊士ら
11人の墓がある
丹波口駅
島原
西本願寺
屯所
輪違屋
花屋町通
島原大門
角屋
GOAL
正面通
JR山陰本線
西本願寺
千本通
坊城通
壬生川通
大宮通
堀川通

壬生の狼が集まった「八木邸」

阪急京都線大宮駅、または京福電鉄四条大宮駅から、まずは四条通を西へ。坊城通を南へと向かって歩くと、北に光縁寺の門と「新選組之墓」と書かれた碑がある。当時、門前近くには新選組の馬小屋があり、新選組総長・山南敬助と住職が交流をもっていたという。新選組から出た切腹者は山南との縁でこの寺に埋葬された。山南自身も脱走後に切腹する運命をたどり、光縁寺に埋葬された。

綾小路通をさらに西へ五〇〇メートルほど歩き、坊城通を五〇メートルほど南進すると、西側に和菓子店「京都鶴屋 鶴寿庵」と、その奥に新選組を思わせる、浅葱と白で飾られ、「誠」の旗を掲げた八木邸が見える。

八木邸は文久三年（一八六三）からの二年間、近藤勇、土方歳三、沖田総司ら新選組が屯所として利用した邸宅で、現在は壬生屯所旧跡として知られている。まだ名もない浪士隊だった頃からこの屋敷で寝起きし、同年三月一六日、八木邸右門柱に「松平肥後守御領新選組宿」との表札を掲げたことをもって新選組が誕生したというから、新選組誕生の地ともいえるスポットだ。当時の建物がそのまま残っており、内部の見

八木邸。入口の「京都鶴屋 鶴壽庵」ではお茶とお菓子で休憩するスペースも。八木邸見学の対応もここで行なう ▶阪急京都線「大宮」駅より徒歩10分／中京区壬生梛ノ宮町24

学も可能。奥座敷は、新選組三大内部抗争の一つにも数えられる芹沢鴨（せりざわかも）暗殺の場でもあり、鴨居など室内に生々しい傷痕が残っている様子も見学できる。

新選組の人数が増えるにしたがい、八木邸では手狭になったため、近隣の前川邸や南部邸も隊士の宿舎として使用されるようになった。南部邸は失われてしまったが、旧前川邸は、坊城通を挟んだ向かいに今も残る。

旧前川邸は拷問や切腹の行なわれた場所でもあり、山南が切腹したのも前川邸だ。こちらは当時の建物が残っているが、内部は基本的に非公開。週末は入口だけ開放されている。

隊士らの修練の場「壬生寺」

八木邸から坊城通を南へ。五〇メートルほど進むと、西側に壬生寺の立派な門が現れる。慶応元年（一八六五）、隊士が一〇〇名を超えるなど、いよいよ壬生では手狭になった新選組は、西本願寺の本願寺屯所へと移っていった。しかし、その後も壬生との縁は切れなかった。壬生屯所時代も、本願寺屯所時代も、屯所とは別に武芸や大砲の訓練を行なう、兵法調練場として使用し続けたのだという。

壬生寺では沖田が境内で子どもを集めて遊んだ、境内で相撲興行を行なった、寺の放生池で魚やすっぽんを捕って料理した、などの逸話が残っている。現在の壬生寺に新選組の痕跡はあまりないが、隊長・近藤の胸像と遺髪塔、芹沢ら一一名の墓などが見られる。

美しき太夫との愛の町「島原」

坊城通を南へ歩くと、日本最古の遊郭・島原に着く。当時の建物はあまり残っていないが、趣のある建物はいくつもあり、「西新屋敷揚屋町（にししんやしきあげやちょう）」「西新屋敷太夫町（たゆうちょう）」など

壬生寺。参道の北側に、新選組ゆかりの遺跡をまとめた「壬生塚」があり、隊士の墓や隊員の合祀墓がある ▶阪急京都線「大宮」駅より徒歩7分／中京区坊城仏光寺北入ル

の地名も当時を思わせる。

今でこそ壬生と島原の間には建物が立ち並んでいるが、幕末頃までは周囲には田畑しかなく、屯所から島原の明かりが見えていた。風向きによっては島原で奏でる歌舞音曲もかすかに聞こえたという。

男ばかりで暮らし、毎日が命がけだった新選組の面々は、盛んに島原に通ってなじみの遊女をもった。隊士の一人、永倉新八(ながくらしんぱち)の最初の妻は島原亀屋の芸妓・小常。ほかにも遊女と客の垣根を超えて、隊士と愛を交わした女性がいたという。

坊城通に面して立つのが、島原で唯一、現在も置屋(おきや)・お茶屋として営業を続ける輪違屋(わちがいや)だ。隊士の一人、伊東甲子太郎(いとうかしたろう)

は輪違屋の花香太夫をひいきにしたという。一見さんお断りで、内部の見学はできないが、幕末の安政四年（一八五七）に建てられ、新選組隊士も利用しただろう建物を外部から見学できる。

花屋町通を東に二〇メートルほど進むと、花街の入口・島原大門がある。一間幅、本瓦葺、切妻の高麗門。門内に続く通りの左右には、格子造りの家屋、置屋がズラリと並んでいたという。島原を愛したのは新選組だけではない。西郷隆盛や長州藩の久坂玄瑞らもこの大門を通って、置屋に通ったのだ。

隊士気分で大門をくぐり、花屋町通を西へ進むと、角屋に到着。一部が再建とはいえ、寛永一八年（一六四一）にこの地に移転して以来の建物が残る。角屋は揚屋構造の建物で、木造瓦葺二階建て。江戸時代にはこの建物に遊女を置き、客をとったのだ。現在は「角屋もてなしの文化美術館」として公開され、内部を見学できる。

角屋と新選組の関係は深い。山南と、恋人の明里はここで逢引きしたというし、芹沢も角屋をひいきにした。文久三年（一八六三）に芹沢鴨らが角屋で豪遊し暴れた際の刀傷が残っている。また芹沢は暗殺の直前に角屋の「松の間」で酒宴を開いていた。内部見学時には、芹沢が見たかもしれない松の間からの景色も楽しめる。

輪違屋。内部は非公開だが、不定期に特別公開もあり、幕末の志士らの残した貴重な品を見ることができる ▶JR山陰本線「丹波口」駅より徒歩7分／下京区西新屋敷中之町114

西本願寺屯所から不動堂村屯所へ

角屋や島原大門のある花屋町通を東へ。五〇〇メートルも進むと西本願寺が見える。西本願寺は西は大宮通、東は堀川通に面しているが、新選組が屯所としたのは堀川通に沿い、寺域北東部に現存する太鼓楼と、その西側にあった六〇〇畳ほどの北集会所(きたしゅうえしょ)だった。太鼓楼の内部を見学することはできないが、外観の見学は可能。北集会所は明治になって兵庫県姫路市の亀山本徳寺に移築されたため、寺内には現存しておらず、ゆかりの施設は太鼓楼だけだ。

西本願寺はもともと勤王派で、新選組

とは考え方も合わない。また隊士らが境内で訓練を行ない、肉食するなど傍若無人な振る舞いをくり返したため、僧侶や信徒からは忌み嫌われていた。本願寺から新屯所の費用肩代わりを条件に退去を勧告され、慶応三年（一八六七）に不動堂村屯所へと移転した。

隊士の一人、島田魁（しまださきがけ）は明治一九年（一八八六）から西本願寺の夜間警備員を務めた。懐には土方歳三の戒名（かいみょう）を書いた布を入れ、死んだ隊士のために念仏を唱える毎日を送り、勤務中に倒れて亡くなったという。

不動堂村屯所は、本願寺屯所から堀川通に沿って南へ五〇〇メートルほど歩いた場所。広さ一万平方メートルの敷地と、大名屋敷のような立派な設備が整えられたが、使われたのはほんの半年程度だったという。屯所跡碑はリーガロイヤルホテル京都入口北側にあり、「事あらばわれも都の村人となりてやすめん皇御心」という近藤勇の歌が刻まれている。

屯所の移転をくり返しながら、動乱の時代を生きた新選組。当時の屯所での生活や隊士たちの状況を考えながら痕跡を追うことで、彼らの生きざまをより鮮明に想像することができるだろう。

PART 4

伏見・宇治

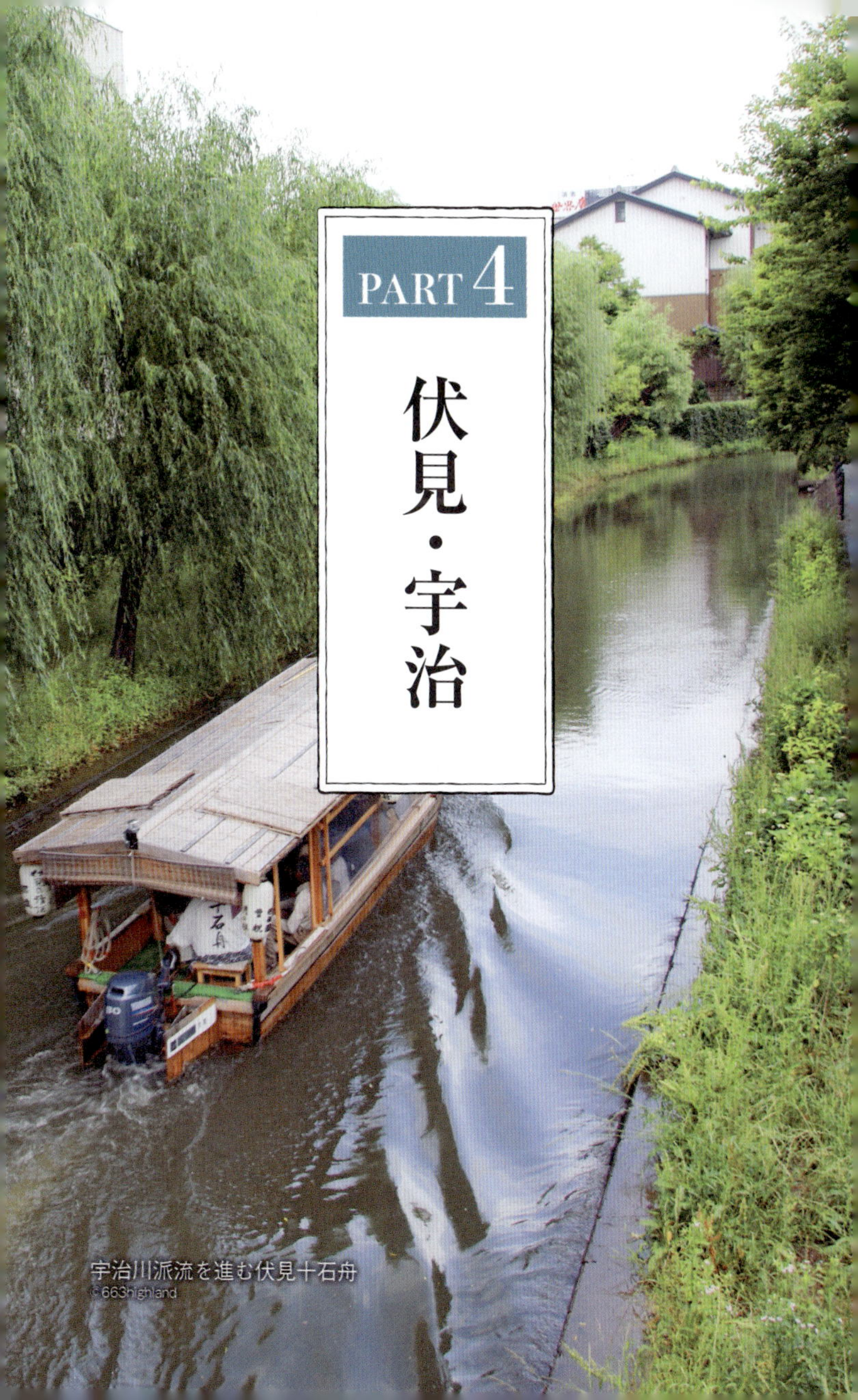

宇治川派流を進む伏見十石舟
©663highland

土塁
空堀
崖面
御香宮神社
木幡山
伏見城
松丸
天守
名護屋丸
西丸
本丸
石田
三成
三ノ丸
御本丸下曲輪
山里丸
大手門
宇喜多
秀家
小西
行長
真田
信之
藤堂
高虎
徳川家康
織田
有楽斎
立花
宗茂
石田
三成
舟入
宇治川
安土桃山時代の伏見

伏見
特別支援学校
特別支援学校
伏見北堀公園
伏見桃山城
伏見桃山東陵
伏見桃山陵
桓武天皇陵
桃山町
養護学校
京阪宇治線
六地蔵駅
桃山南口駅
乃木神社
木幡池

特別支援学校
伏見
奈良線
74
95
特別支援学校
究所
伏見北堀公園
桓武天皇陵
伏見桃山城
伏見桃山陵
伏見桃山東陵
100
△99.4
桃山町
養護学校
乃木神社
明寺陵
京阪宇治線
六地蔵駅
桃山南口駅
15
13
木幡
木幡池
内畑
△17.5
向島丸町

都線
伏見駅
上板橋通
両替通
森林総
丹波橋通
14
55
特別支援学
丹波橋駅
文化センター
近鉄丹波橋駅
下板橋通
26.2
毛利橋通
新高瀬川
御香宮
桃山御陵前駅
36.4
大手筋通
15
伏見桃山駅
桃山駅
新町通
14.1
観月橋駅
宇治
観月橋
中書島駅
体育館
13.8
宇治川公園
500m
1km
14
向島津田町
宇治川

伏見駅
上板橋通
両替町通
丹波橋通
丹波橋駅
文化センター
近鉄丹波橋駅
下板橋通
毛利橋通
御香宮
桃山御陵前駅
大手筋通
伏見桃山駅
桃山駅
新町通
新高瀬川
観月橋駅
観月橋
中書島駅
体育館
宇治川公園
向島津田町
宇治川
1km
500m

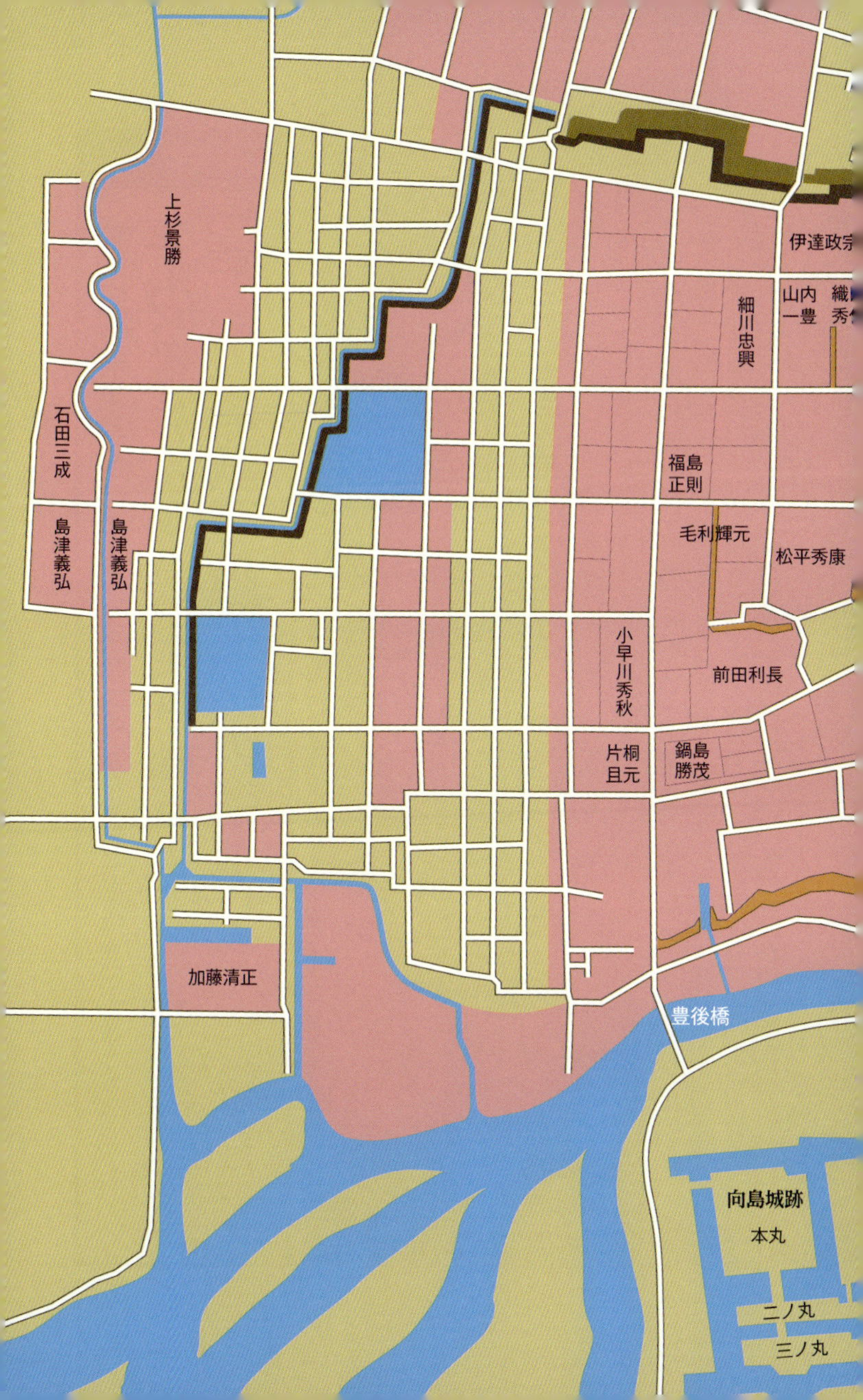
上杉景勝
伊達政
山内一豊
織
秀
細川忠興
石田三成
福島正則
島津義弘
島津義弘
毛利輝元
松平秀康
小早川秀秋
前田利長
片桐且元
鍋島勝茂
加藤清正
豊後橋
向島城跡
本丸
二ノ丸
三ノ丸

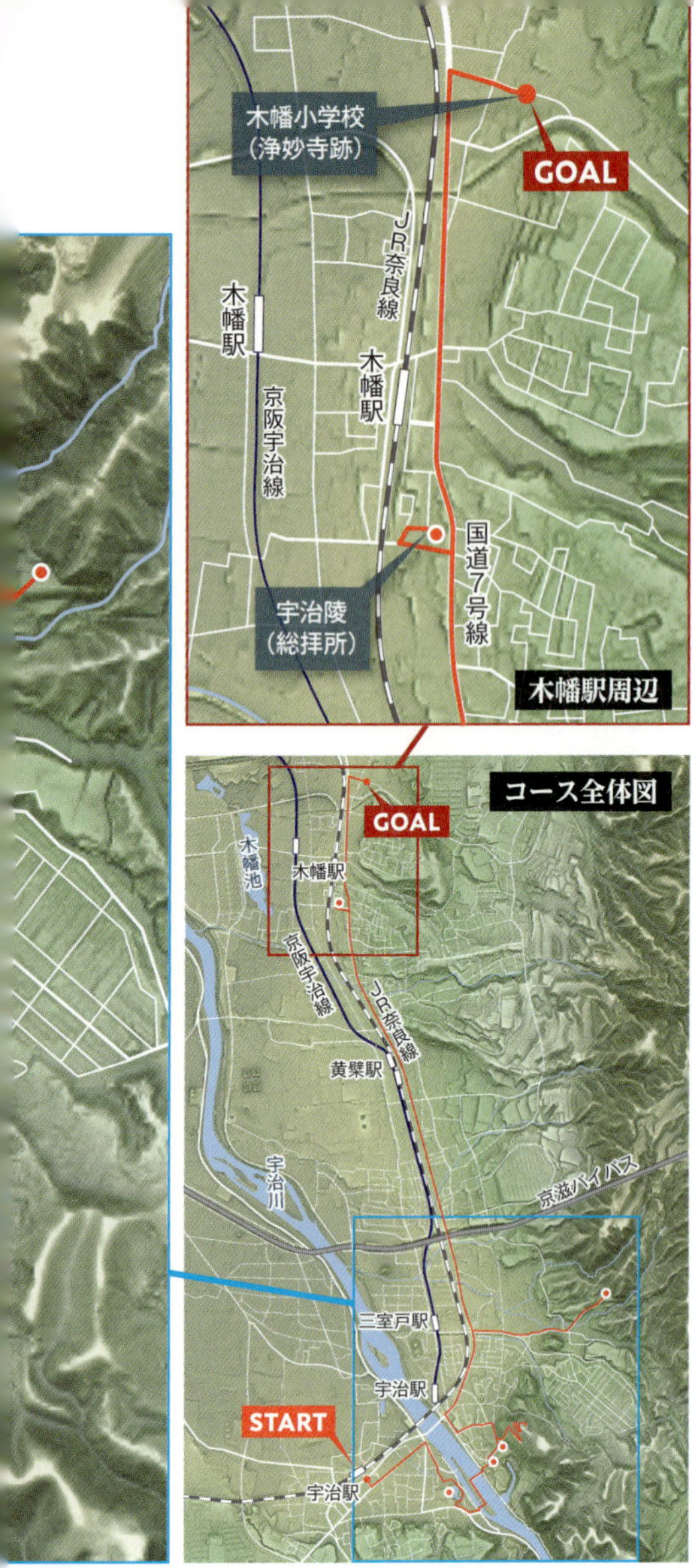

平安時代

平安貴族が愛した景勝地「宇治」に残る藤原氏の栄華

藤原氏の別業都市コース――平等院、宇治神社、三室戸寺、宇治陵など

平等院や宇治神社、宇治上神社など世界遺産が多く風光明媚な宇治。平安時代には藤原氏などの貴族の別荘地として人気を集めていた。

道長の別荘から、極楽を模した「平等院」へ

ＪＲ宇治駅の正面の通りを南東方面に進み、突き当たりを宇治川へ向かうべく北東へと曲がって四〇〇～五〇〇メートル。昔ながらの街並みと商店街の混在する通りを歩き、宇治橋西詰の交差点から見える「平等院表参道」に向かう。案内に沿ってお茶屋の並ぶ参道を歩くと、平等院が見えてくる。

平等院は嵯峨天皇の皇子・源融（みなもとのとおる）が営んだ別業（べつぎょう）、今でいう別荘の「宇治院」が発祥。『源氏物語』の主人公・光源氏（ひかるげんじ）のモデルともいわれる貴公子の別業は、宇多（うだ）天皇、源重信（しげのぶ）を経たのち、長徳四年（九九八）に藤原道長（みちなが）の別業「宇治殿（うじどの）」となった。道長の死後は息子・藤原頼通（よりみち）が受け継ぎ、寺院へと改め、永承七年（一〇五二）には鳳凰堂（ほうおうどう）を建立。頼通が現世の極楽浄土をつくろうとしたのが鳳凰堂だという。

宇治を舞台にした戦乱が幾度も起きたなかで、平等院の堂塔などは失われてしまった。しかし鳳凰堂は奇跡的に戦禍を免れた。平安貴族が建立した寺院は数多くあるが、建物、仏像、壁画、庭園まで含めてすべて残存しているのは平等院のみ。平安の貴公子たちが愛した地で、頼通がつくった当時の豪華絢爛（けんらん）な建物や美術品を現代でも堪能

宇治市街地に残る、碁盤状の街路を示した図(宇治市ホームページの図を元に作製)

できるわけだ。

道長の宇治殿をきっかけとして宇治は貴族たちの別業地として人気となり、平等院の西側には多くの別業が建てられたという。建物は現在残っていないが、いくつもの遺構が発掘によって見つかっている。街の整備も進み、平安時代後期には宇治橋の周辺に都市的景観が形成されていたともいう。元からあった本町通を利用して二等辺三角形のように県通を敷設してつくられた街。その碁盤状の街路は、平安時代から現在にまで受け継がれているものだ。

平等院の南門から出て左手方向へ進むと、宇治川に架かる朱塗りの橋、喜撰橋(きせんばし)

が見える。宇治川に浮かぶ小舟は、鵜飼の鵜舟だ。鵜飼の歴史も古く、平安時代にはすでに盛んだったという。平安時代中期の歌人・藤原道綱母は、著作『蜻蛉日記』に川いっぱいに数え切れぬほどの鵜舟が出て、鮎をとっている様子を書いている。当時とまったく同じではないが、宇治川に浮かぶ鵜舟も平安貴族の愛した光景だった。

喜撰橋を渡って塔の島へ。そして隣の橘島に架かる、朱色の欄干と緑色の橋桁が美しい朝霧橋から、宇治川の東岸へと渡る。この橋の東詰には、紫式部の『源氏物語』第三部『宇治十帖』の登場人物・匂宮と浮舟のモニュメントが建てられている。

元は二社で一対だった「宇治神社」・「宇治上神社」

朝霧橋を渡ると、目の前に鳥居が見える。そこをくぐって進むと、こぢんまりとした「宇治神社」に着く。神社を出て道沿いに北東へ進むと、鳥居と「宇治上神社」の碑が見えてくる。この奥が宇治上神社。建材から康平三年（一〇六〇）建立と推定されている。神社建築のなかで日本最古といわれる本殿があり、拝殿とともに国宝となっている。創建がいつかは定かでないが、『延喜式神名帳』の延長五年（九二七）の項に「宇治神社二座」という記載があることから、道長が宇治院を手に入れた頃に

宇治上神社。宇治上神社の拝殿が平安時代後期の造営。古都京都の文化財の一つとして、世界遺産にも登録されている ▶京阪宇治線「宇治」駅より徒歩10分／宇治市宇治山田59

は、すでに存在していたのだろう。元は別の社（やしろ）ではなく、二社を合わせて、宇治離宮明神、宇治明神などと呼ばれ、宇治上神社が上社、宇治神社が下社とされた。治暦三年（一〇六七）、後冷泉天皇が平等院を訪れた際にはこの二社にも足を運んだとされる。平等院の創建年と宇治上神社本殿の建立年代から考えると、これら二つは一対のものとしてつくられた可能性がある。

　宇治院を引き継ぎ、平等院へと変えた頼通は離宮明神を平等院の鎮守社として位置付けた。以降、藤原氏と宇治神社、宇治上神社とは深い関係を築いたとされる。毎年五月の祭礼「離宮祭」には藤原氏から神馬が奉納されるなど、貴族から援助があり、田楽や猿楽も奉納される盛大なものだった。現在も五月上旬にそれぞれの神社で、宇治の市街を神輿が巡行する祭礼が行なわれている。

宇治上神社の背後に広がるのは、一般には大吉山、正式には仏徳山と呼ばれる、標高一三一メートルの山。展望台からは藤原氏や平安貴族の愛した別業地の風景を一望できる。

下山したら宇治川沿いへと戻って北へ。平安時代末の永暦元年（一一六〇）創業の茶店「通圓」の前を通って日本最古級の橋として知られる宇治橋の東詰へ。何度も架け直されてはいるが、宇治橋の最初の架橋は大化二年（六四六）だったとされる。平安貴族たちも、ここに架かっていた橋を渡ったことだろう。

巡礼地の終点だった「三室戸寺」

宇治橋も架かっている国道七号線を北方向へ七〇〇メートルほど進もう。大きな交差点に「三室戸寺」の案内があるので東方面へ。道なりに進むと、寺の駐車場が見えてくる。小道を進めば、「花の寺」として知られる三室戸寺に着く。

三室戸寺。桓武天皇の父・光仁天皇の勅願により創建されたと伝わるが、伝承が多く、定かではない ▶京阪宇治線「三室戸」駅より徒歩15分／宇治市菟道滋賀谷21

平安貴族が目にした風景とは異なるが、平安時代には西国三十三所巡礼の三三番目、つまり最後の巡礼地として認識されており、藤原氏が権勢を振るった時代には有名な寺院として親しまれていたことがわかっている。宇治の別業地からほど近く、古(いにしえ)より「山寺」として異なる風情をもっていた三室戸寺には、貴族の訪れもあっただろう。

境内鐘楼(しょうろう)脇には『源氏物語』の古蹟(こせき)「浮舟之古蹟」の碑がひっそりとたたずむ。『源氏物語』はフィクションだが、江戸時代以降、作品を愛した人々が古蹟を定めた。薫(かおる)と匂宮、二人の貴公子の愛に揺れた「宇治十帖」のヒロイン・浮舟の古蹟は、「浮舟観音」とともに物語のモデルになったと考えられる三室戸寺に伝えられている。

木幡全体が藤原氏の墓所「宇治陵」

藤原氏の墓所が集まる場所が木幡（こはた）だ。平安時代の藤原氏の墓所とされる三七カ所をすべてまとめて「宇治陵（うじのみささぎ）」と呼んでおり、ＪＲ奈良線木幡駅東南側を中心として、小さな墓所が点在している。

木幡駅から見て南東方向に、緑に包まれた宇治稜の一号がある。ここには鳥居があり、宇治陵の総拝所として指定されている。内部には入れず、門の外から眺めるのみだ。被葬者は皇后一七名、皇族三名だとされるが、どの墓所が誰の墓なのかはわかっていない。三七カ所を回るのは至難の業だが、すべて現存しているため踏破すること自体は可能だ。

道長が宇治に来た当時、宇治陵周辺はかなり荒廃していたという。それを憂いた道長が荒れていた宇治陵を整え、菩提寺を建立して先祖を弔うことにした。

国道七号線を北へ、木幡正中の交差点を東へ曲がる。国道二四二号を二〇〇メート

宇治陵。木幡にはもともと藤原氏の墓所があり、藤原氏出身の皇后も宇治に葬られた ▶JR奈良線「木幡」駅より徒歩5分／宇治市木幡周辺

ルほど進んで、宇治市登り集会所で北へ向かうと木幡小学校がある。寛弘二年（一〇〇五）、陰陽師（おんみょうじ）の安倍晴明（あべのせいめい）らも選定に関わって寺地が決まり、菩提寺「浄妙寺（じょうみょうじ）」が建立された。木幡小学校のグラウンドが浄妙寺の跡地にあたり、校門前には「この附近藤原道長建立　浄妙寺跡」の標が建てられている。また、道長自身もこの付近に埋葬されたと伝わる。

平安京と平城京の中間地点にあり、宇治川という水運の拠点でもあった宇治は古代の交通の要衝だった。道長ら藤原氏がこの地を選び、整備していったのには、立地条件を見極めた政治的な意図があったのだろう。

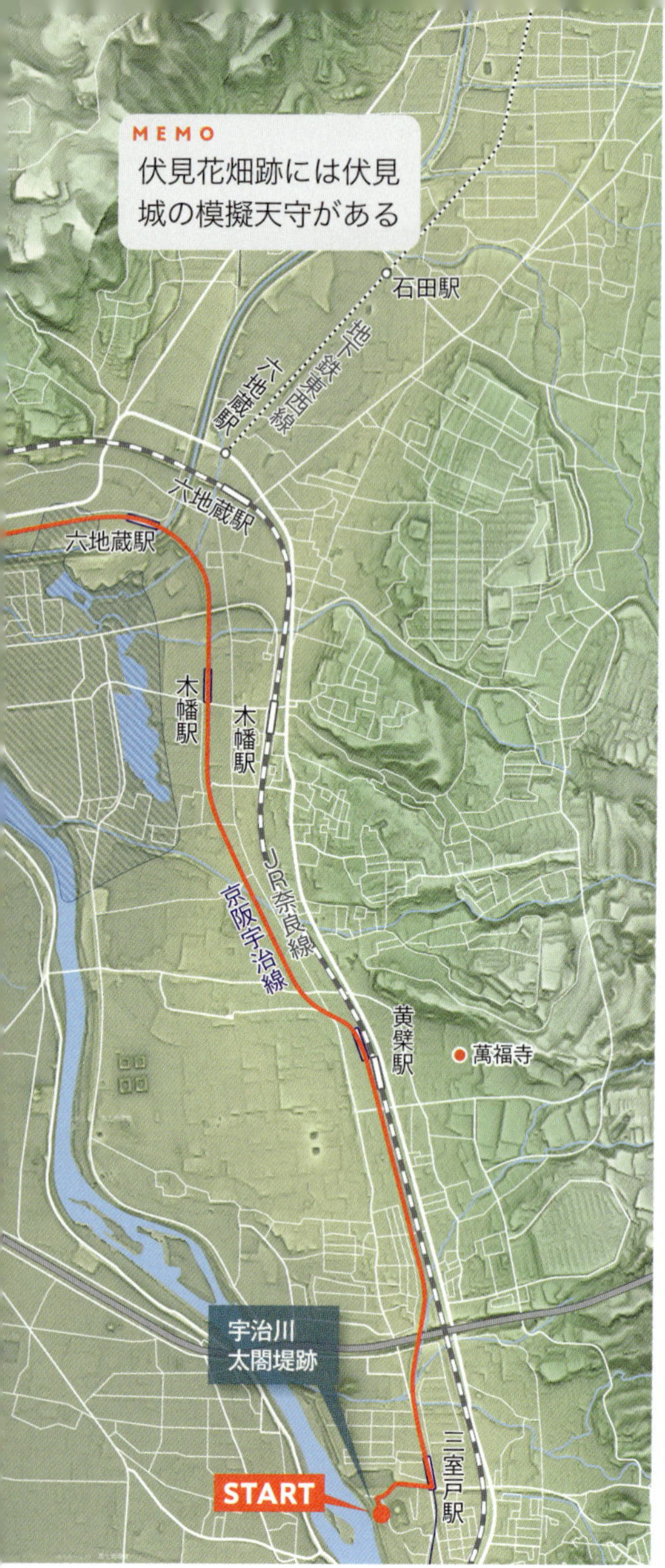

安土桃山時代

大規模治水工事で「伏見」を日本の中心に

豊臣秀吉と巨椋池コース ―― 宇治川太閤堤跡、旧小倉堤、伏見指月城跡など

伏見城を本拠とした秀吉は、広大な巨椋池（おぐらいけ）と、池に流れ込む宇治川に堤防を築き、河川を改修するなど大規模な土木工事を行なう。伏見を京都と大坂をつなぐ要地へと変貌させようとしたのだ。

「太閤堤」で宇治川を大改造せよ

京阪宇治線宇治駅から宇治川に沿って北へ四〇〇メートルほど。「宇治川太閤堤跡」と刻まれた石碑がある。フェンスで区切られて太閤堤跡近くには入れないが、付近の地形を利用して石を張ったり、杭を打ったりと、多彩な工法で長大な堤が築かれた。

堤の目的は、日本の水運を伏見に集中させるため。伏見城を居城とした豊臣秀吉は宇治川の流路を変える大規模な治水工事を行なったのだ。かつての宇治川は宇治橋の下流で分かれ、主流は巨椋池へと流れ込んでいた。それまでは「巨椋入江」と呼ばれる沼沢で、水位の変動が激しかったが、太閤堤によって安定させることができた。

太閤堤は大きく淀堤、槇島堤、小倉堤に分けられる。現在の宇治川西岸、前田利家が担当したと伝わる槇島堤は宇治から向島まで続く。向島から南東の小倉まで、巨椋池の真ん中を貫くように築かれたのは小倉堤。小倉堤は陸路「大和街道」として、奈良から伏見、京都へと抜ける最短ルートとして機能したという。さらに、伏見の南西から桂川との合流点まで続く淀堤によって迂回した宇治川が淀川へとつなげられた。

「宇治川太閤堤跡」は槇島堤の始点付近にある。この堤は宇治橋のたもとまで続い

小倉堤から見る伏見城と観月橋。現在の橋は、昭和11年（1936）に架けられた鉄筋コンクリート造 ▶京阪宇治線「観月橋」駅すぐ／伏見区豊後橋町付近

ていたと考えられている。

　京阪宇治線で三室戸駅から観月橋駅へ。駅を出ると南側の宇治川に立派な橋がある。この橋は太閤堤と同時期に架けられたもので、豊後国大名・大友吉統が普請を担当したことから、「豊後橋」と呼ばれていた。

　豊後橋は、伏見と向島をつなぐ橋であり、槇島堤と小倉堤の合流地点にあたる重要拠点だった。江戸時代には京都の三条大橋などと並んで幕府直轄だったというから、どれだけ重要視されていたかわかるだろう。現在は二階建て構造の観月橋が架かっており、下側の橋は徒歩でも通行できる。

二〇〇メートルほどある観月橋を渡り、すぐ西へと続く小道へ。細い道の両側に、古くから続くとおぼしき建物が並んでいる。この小道が旧小倉堤。大和街道として利用された堤の跡だという。立派な門構えをもつ旧家らしき家や、長い歴史をもつような商店が続き、ほかの路地とは一線を画す雰囲気。小道の北側は川に向かって高くなっており、さらに北を宇治川が走る。北側には高台があり、堤のなごりが感じられる。

観月の名所・「向島城」は幻の城

観月橋の南側は向島という地名になる。由来は「伏見の向かいにある島」という意味から。かつては巨椋池が広がっており、池のなかにいくつかの島があった。向島、中書島(ちゅうしょじま)、槇島など、周囲には「島」の付く地名が多いが、これらはすべて巨椋池に浮かぶ島だったなごりだ。昭和八年(一九三三)から干拓事業が行なわれた結果、周囲約一六キロメートル、水域面積約八平方キロメートルもあった巨椋池は姿を消し、跡地にはニュータウンがつくられるなど、当時の面影はほとんど残っていない。

かつて向島には徳川家康が私邸をもっていた。文禄三年(一五九四)九月、家康は向島の邸宅に秀吉らを招いて観月の宴を開催した。この宴がたいそう気に入った秀吉

伏見港公園。公園内にある三十石船の模型。三十石船は現在も観光用として運行されている ▶京阪宇治線「中書島」駅より徒歩2分／伏見区葭島金井戸町

は、向島に月見用の城・向島城を築き、公家などを呼んで観月の宴を開いたという。豊後橋が現在「観月橋」と名を変えているのは、家康と秀吉の観月の宴にちなんでいる。

向島城は元和六年（一六二〇）に破却され、建材は東本願寺伏見別院の建立に寄付された。向島に城のなごりはほぼないが、本丸町、二ノ丸町、鷹場町などの地名が残る。しかし本丸、二ノ丸の地名と城の縄張りとは一致していないという。

陸運・水運が集結した「伏見港」

観月橋を北へと渡り、すぐに西へ。小さな川に沿って四〇〇メートルほど歩き

小道を通って京阪宇治線中書島駅を目指す。駅から五〇メートルほど南に進むと、体育館などを備えた大きな公園が姿を見せる。秀吉が伏見につくった港・伏見港の跡地、港の舟だまりを埋め立てた「伏見港公園(ふしみこうこうえん)」だ。秀吉は宇治川と濠川(ほりかわ)を結んだこの地点に港を置くことで、陸上と河川の交通をすべてこの地に集めた。伏見港から大坂までは三十石船が結んだという。伏見港公園内には、三十石船のレプリカが飾られている。

酒どころとして有名な伏見。質のよい地下水が豊富だったことに加え、水運・陸運の要地になったことが伏見の酒づくりにも影響を与えたのだろう。当地は人と物が集まる場所となり、大名も屋敷を構えた。人々が行き交う伏見では酒の需要が増え、各地の技術も取り入れて改良も進んだのだという。

地震によって消えた「指月城」と「木幡山伏見城」

観月橋へと戻り、国道二四号線を二〇〇メートルほど北へ。そこから東に一五〇メートルほど歩く。泰長老(たいちょうろう)公園の近くにライオンズマンション伏見桃山指月城(しづきじょう)がある。このマンションは伏見城跡地に立っている。

秀吉が日本の中心にしようとした伏見城は、じつは二つあった。よく知られている

伏見城。以前は模擬天守内に入れたが、現在は耐震強度が基準を満たしていないとして城内には立ち入れない ▶JR奈良線「桃山」駅より徒歩15分／伏見区桃山大蔵45

伏見城は「木幡山伏見城」で、二番目に築城されたものだ。最初の伏見城「指月伏見城」またの名を「指月城」は文禄五年（一五九六）の慶長伏見地震で天守の上二層が倒壊するなど大きな被害を受け、破却された。指月城は長らく位置の特定ができずにいたが、平成二七年（二〇一五）民間の調査会社が遺構の出土を発表。石垣や堀の遺構のほか、金箔を用いた瓦片も多数出土している。

木幡山伏見城へは、二四号線を二〇〇メートルほど北へ。御香宮前交差点で東へ三〇〇メートルほど進むと、北、東への分かれ道に出る。東に進むと木幡山伏見城跡がある。しかし一帯は明治天皇陵になっており、跡地を見ることはできない。分かれ道を北へ進むと、伏見桃山城の模擬天守がある伏見桃山城運動公園へと到達する。

木幡山伏見城の築城は慶長伏見地震のわずか二日後に始まった。櫓（やぐら）や殿舎（でんしゃ）の木材などは再利用され、急ピッチで作業は進み、三カ月後には完成したという。

模擬天守があるのは、伏見城花畑跡。昭和三九年（一九六四）に遊園地がつくられた際、洛中洛外図に描かれた伏見城を模した五重六階の大天守、三重四階の小天守、櫓門などを備えた鉄筋コンクリート造の模擬天守がつくられた。遊園地の閉園後は京都市に寄付され、今もその姿を残している。

城下町で今も見られる城のなごり

国道二四号線の御香宮交差点から二〇メートルほど西に進むと、御香宮神社がある。神社の表門は伏見城の大手門を移築したものだという。

御香宮神社はもともとこの地にあったが、伏見城を築城した際、秀吉が城内の鬼門除（よ）けの神として、伏見・深草大亀谷（ふかくさおおかめだに）へと遷宮。秀吉の没後、家康が元の地へと戻した。本殿に菊の御紋や五七の桐紋、葵の御紋が見られるが、菊の御紋があるのは天皇がま

御香宮神社。境内から香りのよい水が湧き出たので、清和天皇が「御香宮」の名を授けた。御香水は今も湧き続けている ▶近鉄京都線「桃山御陵前」駅より徒歩5分／伏見区御香宮門前町174

つられているためだ。

二四号線の御香宮交差点から北方面へ一キロメートルほど。歩行者進入禁止区間の手前で東側の側道に入ると、栄春寺（えいしゅんじ）の案内板が見えてくる。

栄春寺の総門は伏見城の遺構。非公開となっているが、観音堂の天井には伏見城の床材が使われている。また、墓地は伏見城城下町の惣構（そうがま）えの土塁の遺跡で、惣構えの遺構が現在まで残っているのはここだけだという。巨椋池は埋め立てられ、ほとんど跡形もない。だが、城下町のそこかしこにある堤の跡や城のなごりを見れば、秀吉がつくろうとした伏見の姿が浮かんでくる。

安土桃山時代

大名屋敷コース――福島太夫段差、桃山町永井久太郎、伊達街道など

伏見城城下町の町名に残る大名たちの力関係

豊臣秀吉が築いた伏見城は、新たな日本の中心として機能し始める。大規模治水工事と区画整理を行なった城の周辺には各地の有力大名らが屋敷を構えた。現在も往時を思わせる地名が各所に残されている。

MEMO
桃山町周辺には大名たちが住んでいた

墨染駅
近鉄京都線
京町通
海宝寺
伏見駅
国道24号線
津知橋通
京阪本線
MEMO
商人や職人たちが
集まっていたエリア
桃山水野
左近西町
伊達街道
両替町通
国道24号線
桃山長岡
越中北町
GOAL
丹波橋駅
丹波橋通
近鉄丹波橋駅
桃山福島
太夫北町
京都市呉竹
文化センター
桃山町
島津
福島太夫段差
桃山羽柴
長吉中町
桃山毛利
長門東町
毛利橋通
此付近伏見
銀座跡の碑
桃山御陵前駅
御香宮神社
桃山町
松平筑前
桃山駅
大手筋通
伏見桃山駅
桃山町
鍋島
START
100m
500m

家康の屋敷のお隣は石田邸

ＪＲ奈良線桃山駅から東へ一〇〇メートルほど。高架下を通り、道なりに進むと乃木(のぎ)神社へと到達する。明治時代の軍人で、明治天皇の崩御ののちに殉死した乃木希典(まれすけ)をまつった神社だが、一帯にはかつて徳川家康の屋敷が立っていたという。

乃木神社があるのは、かつて木幡山伏見城があった「桃山」と呼ばれる山の麓(ふもと)。周囲には有力大名らが邸宅を構えており、家康邸の東には真田氏の屋敷、北隣にはのちに天下分け目の関ヶ原を戦うことになる、石田三成(いしだみつなり)の屋敷があった。伏見城の模擬天守が建てられている伏見城花畑跡の西側には「桃山町治部少丸(じぶしょうまる)」の地名が残り、界隈(かいわい)が三成の邸宅だったと推定される。治部少丸とは、朝廷で三成が任じられた官位・治部少輔が由来になった名だ。立ち入ることはできないが、内部をのぞくと治部池や石垣が見える。

伏見城跡地の周囲には、「桃山町〇〇」という地名が続く。「〇〇」には、美濃や駿河、丹後などの地名もしくは官名や、島津、毛利などの大名の名が入る。現在の地名を眺めると、桃山筒井伊賀町には筒井定次(つついさだつぐ)が、桃山長岡越中町には長岡藤孝(ながおかふじたか)、つまり

乃木神社。大正5年(1916)建立。境内には日露戦争で武功をあげた乃木将軍の遺品を保存する宝物館もある ▶JR奈良線「桃山」駅より徒歩10分／伏見区桃山町板倉周防32

細川藤孝（幽斎）の屋敷があったのではないかなど、どの大名が、どこに屋敷を所持していたかがわかる。当時の屋敷跡を記したという地図を見ると、伏見城と変わらないほど家康の屋敷は広大だ。

また、本丸の鬼門に黒田官兵衛、裏鬼門には石田三成の屋敷が見られるなど、城に近い場所には有力大名を、重要な場所には子飼いを配したようだ。屋敷の位置から、秀吉政権下の権力関係や秀吉からどの程度信頼されていたかが想像できるわけだ。

秀吉は大名らに伏見への常住を求めた。本人だけでなく妻子も住まわせ、領国に帰ることを許さなかったというから、江戸時代の参勤交代以上の締め付けぶりだ。各大名がどの程度従ったのかは定かではないが、伊達政宗は秀吉の存命中は一度も奥州に帰らなかったと伝わる。多くの大名は、秀吉の絶大な権勢にひれ伏したのだろう。

公園のそばに残る福島正則屋敷の跡「福島太夫段差」

ＪＲ奈良線桃山駅から、線路沿いに北方面へ六〇〇メートルほど。筑前台町、毛利長門西町などを過ぎ、下板橋通も越えた東側が福島太夫町。北町、南町、西町に分かれるのは、福島大夫、つまり福島正則が広い屋敷が与えられていたからだろう。

福島太夫北町にある福島児童公園の前に、石垣のような大きな段差がL字型に残っている。この段差は「福島太夫段差」と呼ばれ、段の上部に武家屋敷が立っていたなごりだという。大名屋敷が集まる城下町で現在も見られる、数少ない遺構の一つだ。

福島太夫西町の発掘調査では、大和街道の石組溝や武家屋敷の門跡・石垣基礎跡などが発見された。五本骨扇に月丸紋の軒丸瓦、つまり佐竹氏の家紋入り瓦が多数出土したことから、佐竹修理大夫の屋敷跡だと考えられている。

大名の名や官位が町名に付いた地域では、建物の建て替え時に発掘調査が行なわれ、

福島児童公園。公園の東側には福島太夫段差がある。段の上部に武家屋敷が立っていたなごりだといわれる ▶近鉄京都線「丹波橋」駅より徒歩7分／伏見区桃山福島太夫北町28-53

金箔押しや家紋入りの瓦、石垣の跡、建物の礎石、門跡など、多数の遺構が見つかっている。現地には新たに建物が建てられたため、遺構を確認することはできないが、出土物は京都市上京区にある「京都市考古資料館」に収蔵されている。

伏見でも権力をもっていた伊達政宗

福島児童公園の北側を通る丹波橋通を東に一〇〇メートルほど進む。その南北を貫く通りは「伊達街道（だてかいどう）」と呼ばれている。現在でこそ細い道だが、当時は伏見城中枢部と京を結ぶ重要な街道で、街道沿いには伊達氏の大規模な上屋敷があったという。

この道を二〇〇メートルほど北へ進んでＪＲの踏切を渡り、上板橋通との交差点も越えてさらに進むと、道が三本に分かれている。東側に行くと伊達氏と関係の深い寺・海宝寺（かいほうじ）がある。寺の立つ土地は伊達家の居館跡といわれており、寺内には政宗手植えの木・木斛（もっこく）があるほか、方丈前に秀吉が大事にしていた手水鉢（ちょうずばち）が伝承している。また本堂内には政宗の位牌が納められているという。

伊達氏は伏見に一〇〇〇人以上もの関係者を引き連れて移住し、大規模な屋敷で暮らした。海宝寺界隈には「桃山町正宗」の町名が付いているほか、伊達氏の下屋敷があったとされる深草にも「深草東伊達町」「深草西伊達町」の地名が残る。

町人街に残る「銀座」発祥の地

京阪本線伏見桃山駅の西側には「伏見大手筋商店街」というアーケード街がある。現在も買い物客らでにぎわうこの通りは、「大手筋」の名のとおり、かつて伏見城の大手門へとつながっていた。城からは西に外れるが、大手門へと続く目抜き通り。この周辺にも大名屋敷が立ち並んでいたとされる。伏見桃山駅の東側、御香宮神社辺りには小早川秀秋（こばやかわひであき）や金森長近（かなもりながちか）ら豊臣氏重臣の屋敷があったという。

大手筋通や、一本南にある油掛通を中心に、南北に走る京町通と両替町通が、町人たちの暮らした地域の中心だった。現在の地名にも車町、塩屋町、魚屋町、風呂屋町など商人や職人が集まった町の名が残っている。また、両替町付近には現在も銀行など金融機関が多く、魚屋町周辺には老舗の料理屋が残るなど、城下町のなごりも感じられる。

伏見銀座跡。近畿労働金庫の前にある石碑。家康が設けた銀貨鋳造発行所のなごり ▶京阪本線「伏見桃山」駅よりすぐ／伏見区銀座町1

大手筋商店街へ入って西へ一筋目の両替町。北側の角にある近畿労働金庫の前には「此付近伏見銀座跡」の石碑がある。銀座ができたのは、慶長六年（一六〇一）。秀吉とは無関係だが、関ヶ原の戦い直後の家康が設けたもので、日本一の城下町だった伏見につくらせた銀貨鋳造発行所のなごりだ。

じつは、ここ両替町が銀座発祥の地であり、全国にある銀座はこれ以降に設置・成立したものだという。すでに成立していた「両替町」に後から銀座をつくっていったので、町名は両替町一～四丁目、その北に銀座一～四丁目、両替町九丁目～と続く、変則的な形だ。両替町五～八丁目は現在も欠番になっている。

大手筋から両替町通を北へ五〇〇メートルほど。近鉄京都線・京阪本線の丹波橋駅前に京都市呉竹文化センターがある。建設時の発掘調査により、城下町時代の京町通が発見された。道は粘土質の土で整地され、表面には小さな石を敷き詰めた「礫敷き（れきじき）」。つまり舗装道路だったことがわかった。町人がメインで使う道までもが立派に整えられた、まさに日本一の城下町だったのだ。

大河ドラマの主役になるような大名が多数集まった伏見城城下町。秀吉の死後も人々の生活の中心地として機能したために遺構は破棄され、新たな町が成立した。結果、往時の遺構は建て替え時の発掘で出土するのみだ。しかし、大手筋や両替町通などの名称や、その地に屋敷を構えた大名らの官位や名字が付いた地名などから、秀吉の描いた理想の城下町を想像するのも一興だろう。

PART 5

とっておきの京都

琵琶湖疏水の終点・夷川船溜

明治維新前後の岡崎・白川
春日社
吉田社
法然院
真如堂
金戒光明寺
霊鑑寺宮
如意寺
大豊神社
白川
若王子寺
永観堂
南禅寺

吉田神社
浄土寺
白沙村荘庭園
法然院
後一条天皇陵
冷泉天皇陵
陽成天皇陵
哲学の道
真正極楽寺
霊鑑寺
永運院
鹿ケ谷
西翁院
金戒光明寺
黒谷町
若王子神社
平安神宮神苑
南禅寺
金地院庭園
對龍山荘庭園（特）
岡崎公園
永観堂
京都市動物園
無鄰庵庭園
南禅寺方丈庭園
国際交流会館
琵琶湖疏水
南禅寺境内
南禅院庭園
粟田口
蹴上駅
日向宮
青蓮院旧仮御所
花園天皇陵

吉田神社
105.0
浄土寺
沙村荘庭園
法然院
後一条天皇陵
冷泉天皇陵
陽成天皇陵
哲学の道
真正極楽寺
霊鑑寺
88
永運院
鹿ヶ谷
西翁院
金戒光明寺
黒谷町
若王子神社
安神宮神苑
南禅寺
金地院庭園
對龍山荘庭園（特）
岡崎公園
永観堂
京都市動物園
200
無鄰庵庭園
57
南禅寺方丈庭園
国際交流会館
琵琶湖疏水
南禅寺境内
南禅院庭園
61.8
粟田口
蹴上駅
蓮院旧仮御所
花園天皇陵
日向宮

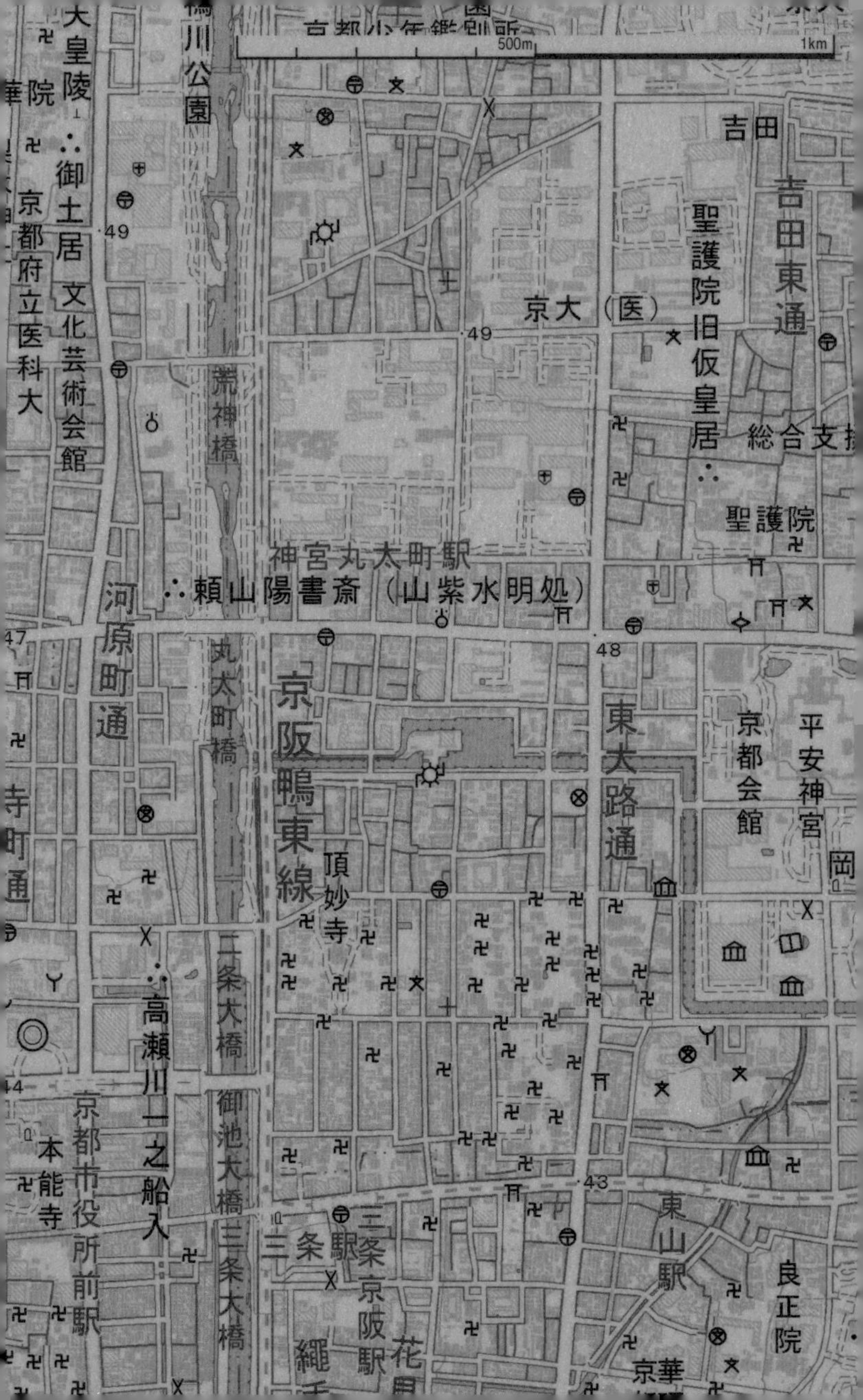

500m
1km
吉田
吉田東通
聖護院旧仮皇居
京大（医）
御土居
京都府立医科大
文化芸術会館
荒神橋
聖護院
神宮丸太町駅
頼山陽書斎（山紫水明処）
河原町通
丸太町橋
京阪鴨東線
東大路通
京都会館
平安神宮
頂妙寺
寺町通
高瀬川一之船入
二条大橋
御池大橋
三条大橋
京都市役所前駅
本能寺
三条駅
三条京阪駅
東山駅
良正院

500m
1km
鴨川公園
吉田
吉田東通
聖護院旧仮皇居
京大(医)
総合支所
聖護院
京都府立医科大
京都府文化芸術会館
荒神橋
神宮丸太町駅
頼山陽書斎(山紫水明処)
河原町通
京阪鴨東線
丸太町橋
東大路通
京都会館
平安神宮
頂妙寺
寺町通
二条大橋
高瀬川一之船入
京都市役所
本能寺
市役所前駅
御池大橋
東山駅
三条京阪駅
三条大橋

尾張松平屋敷
志賀越道
荒神口通
元会津
松平屋敷
聖護院
岡中川屋敷
熊野神社
彦根井伊屋敷
土佐
山内屋敷
丸太町通
下御霊神社
盛岡南部屋敷
鴨川
革堂
阿波
蜂須賀屋敷
安芸
浅野屋敷
越前松平屋敷
角倉屋敷
二条通
妙伝寺
項妙寺
加賀前田屋敷
妙満寺
角倉屋敷
長州
毛利屋敷
本能寺
加賀
前田屋敷
対馬
宗屋敷
池田屋
三条通
酢屋
彦根
井伊屋敷
誓願寺
青蓮院門跡
知恩院

平安時代以前

古代の渡来系有力氏族だった賀茂氏の勢力がかいまみえる賀茂川流域

北山コース――下鴨神社、上賀茂神社、大田神社、社家町、貴船神社など

平安京が造営されるよりも古い時代から、京都の歴史は始まっている。その歴史は日本神話とも重なる。さらにその歴史には、古代の有力氏族の一つ、賀茂氏が大きく関わっている。

賀茂氏の祖をまつる「賀茂社」

京阪本線の出町柳駅付近に京都市内を流れる鴨川と高野川との合流地点があるが、ちょうどその辺りで鴨川の表記が変わる。高野川との合流地点より上流を「賀茂川」、下流を「鴨川」と書くのが一般的だ。

そもそも鴨川の名は、平安京造営以前から京都に暮らしていた賀茂氏に由来するといわれる。出町柳駅のちょうど川向こうにある下鴨神社とさらに北方にある上賀茂神社は、その賀茂一族の氏神。それぞれの神社の「カモ」の字と、川の名の漢字がそろえられているというわけだ。

平安時代に著された氏族名鑑『新撰姓氏録（しんせんしょうじろく）』によれば、賀茂氏は賀茂建角身命（かもたけつぬみのみこと）を祖先とする天神族に分類される。天神族とは天照大神（あまてらすおおみかみ）に仕えた神々の末裔（まつえい）のこと。賀茂建角身命は京都を開拓した神と伝えられる。また、『新撰姓氏録』によれば、神武天皇の一行が現在の和歌山県南部、三重県南西部にあたる熊野から現在の奈良県（大和）に向かう際、大烏（おおがらす）に姿を変えて一行の道案内をしたのが賀茂建角身命で、その功績から「八咫烏（やたがらす）」という名が与えられたとされる。

上賀茂神社の境内には、祭神の依(よ)り代(しろ)「立砂」がある。祭神が降臨したという神山をかたどっている ▶市バス、京都バス「上賀茂神社前」下車すぐ／北区上賀茂本山339

上賀茂神社の正式名称は賀茂別雷(かもわけいかづち)神社、下鴨神社は賀茂御祖(かもみおや)神社といい、合わせて賀茂社という。二社がどのように分かれたのかについては不明だが、下鴨神社の祭神は、〝八咫烏〟と呼ばれた賀茂建角身命とその御子・玉依媛命(たまよりひめのみこと)。上賀茂神社の祭神・賀茂別雷大神は玉依媛命の御子だとされ、二社はともに賀茂氏の祖を祭神としている。

古代の日本において、賀茂氏の果たした役割は大きい。秦氏と同じく渡来系の氏族ともいわれ、土木や機織りなど様々な技術を日本にもたらした。とくに砂鉄を木炭で熱して鉄をつくる「たたら製鉄」に長(た)けていたようだ。たたらによる銅鐸(どうたく)

づくりを日本にもたらしたのも賀茂氏だといわれ、そのために朝廷の祭祀に関わることが多くなったようだ。

　賀茂氏はかなり広範囲に居住していたとされる。上賀茂神社からおよそ五〇〇メートル東にあるカキツバタの群生で知られる摂社（せっしゃ）・大田神社の沼沢や、南東へ約一・三キロメートルも離れた京都府立植物園の一帯は、もともとは賀茂氏が開墾した土地だ。また、代々上賀茂神社の神職を継承していた賀茂氏は、室町時代に入ると境内の脇に屋敷群を形成した。今も「社家（しゃけ）の町並み」として残っている。

　上賀茂神社の境内から東側へ出ると、家の前に小さな川が流れている土塀の住宅が並んでいる。これらが社家で、社家の前の小川は神社の境内を流れる「ならの小川」とつながっている。神職たちはその水を邸内に引き込んで禊（みそ）ぎを行なっていた。江戸時代には三〇〇軒ほどあった社家も現在は二〇軒ほどに。そのうちの一軒、西村家庭園が今も一般に公開されている。

　さらに御神体も変わっていない。社殿から約二キロメートル北方にある神山（こうやま）を眺めると、視界を遮るのは木々のみ。賀茂氏の面々も眺めていたであろう風景が今もそこにある。ただ、この神山は一部、ゴルフ場になっている。戦後、ヘリコプターでゴル

糺の森。多少の雨なら気にならないほど、鬱蒼(うっそう)としている。古本市やマルシェなどのイベントも多数開催 ▶京阪本線「出町柳」駅より徒歩約10分／左京区下鴨泉川町59

フ場用地を探していたGHQが、当時の将校宿舎から近かったこの地を一目で気に入ったのだ。上賀茂神社が再三抗議するも、最終的には貸与という形で一部を提供し、現在に至っている。

今の四〇倍の広さだった「糺の森」

下鴨神社へ向かうと、境内までの参道を包む、長くて深い森に出会う。「糺(ただす)の森」と呼ばれる森で、南北に一キロメートル、面積は約三万六〇〇〇坪。縄文時代の植生を残しているという。すぐそばにマンションの建設が進められ、近くに大学や商店街もあることから、森の外は多くの人が忙しく行き交っているが、この糺の森に入ると雰囲気は一変。「パワースポット」という表現がよく似合う。

糺の森はその雰囲気から、この地にずっと変わらずにあると思われがちだが、じつは応仁・文明の乱（一四六七～七七年）により、境内とともにほとんどが一度焼失している。もとは現在の四〇倍、約一五〇万坪にも及んでいたという。古代の賀茂氏にとってみれば、現在の森はずいぶんとミニサイズに見えるだろう。

ちなみに社殿は天正九年（一五八一）に平安時代のものを再現した形で再建。その後、建て替えはなされているものの、全体の様子は平安時代のものをとどめている。

賀茂社と関係が深い「貴船神社」

賀茂川の上流には貴船川が流れており、その川沿いに貴船神社が立っている。その貴船の意味は「気の生まれる嶺、氣生根」だというが、ここには賀茂一族の一人、玉依媛命が関係している伝説もある。玉依媛命が水源を求めて、賀茂川をさかのぼってこの地に来たとき、黄色の船に乗っていた。その「黄船」が転じて「貴船」となったというのだ。黄色は貴人を表す色。この船は人目に付かぬように石で包み込まれたと伝えられており、現在も船の形をした大石が神社創建の地・奥宮にまつられている。

貴船神社の奥宮本殿の西側にある船形石。高さ約2メートル、外周約24メートルの巨石。本宮には船形の「石庭」が、中宮には「天の磐船」がある ▶京都バス「貴船」下車徒歩5分／左京区鞍馬貴船町180

平安時代には上賀茂神社の摂社になっており、また上賀茂神社が火災に遭った際には御神体が貴船神社に遷（うつ）されている。玉依媛命の伝説だけでなく、こういった点からも上賀茂神社と貴船神社との関係が深かったことがわかる。折に触れ、賀茂氏の行き来もあっただろう。

天喜三年（一〇五五）、貴船神社はたび重なる洪水を避けるため五〇〇メートル下流の現在の地に本殿を遷した。賀茂川の水源としてあがめられた貴船の地は〝京の奥座敷〟として、とくに夏場に人気の観光地となり、貴船神社は縁結びの神として有名に。境内にはいつも若い女性の姿が多く見られる。

平安時代

遷都以前に秦氏が開発し平安期に嵯峨天皇が愛した景勝地

嵯峨嵐山コース――狐塚古墳、大覚寺、清涼寺、天龍寺、渡月橋など

嵯峨嵐山は、平安時代から景勝地として貴族に好まれていた。平安京の中心からは距離のあるこの地がどのように発展していったのかを追うと、渡来人一族の関わりが見えてくる。

100m
500m
名古曽瀧跡
大沢池
大覚寺
至 小倉山展望台
清涼寺
狐塚古墳
祇王寺
二尊院
嵯峨嵐山駅
START
嵯峨野
竹林の道
天龍寺
GOAL
鹿王院駅
嵯峨野観光線
トロッコ
嵐山駅
嵐電
嵯峨駅
嵐山駅
大堰川
渡月橋
桂川
法輪寺
嵐山
嵐山駅
MEMO
渡月橋の北詰から
眺める嵐山が絶景

西方極楽浄土を思わせる「小倉山」

「山は、をぐら山」——日本最古の女流作家によるエッセイ『枕草子』のなかで清少納言は様々な山の名を列挙しているが、その筆頭に挙がるのが小倉山だ。京都御苑の南側を東西に走る丸太町通は西大路通以西を新丸太町通とも呼ぶが、その西端が小倉山だ。JR山陰本線嵯峨嵐山駅から北へ歩いて丸太町通に立ってみると、小倉山の雄大さに見とれて誰もが足を止める。とくに雨の日には木々に靄（かすみ）がかかり、今にも動き出しそうな生命力を感じる。

この丸太町通を東へ六キロメートルほど進んだ千本通との交差点付近に「平安京朝堂院（ちょうどういん）跡」の石碑がある。政治の中枢となる建物で、その北側に大極殿（だいごくでん）、さらに北側に天皇の居所・内裏（だいり）があった。政務に忙しい天皇や平安貴族たちがふと思いをはせたもの、それが西方極楽浄土と同じ方向に鎮座する小倉山だったのかもしれない。

前身は嵯峨天皇の離宮だった「大覚寺」

JR山陰本線嵯峨嵐山駅から北へ二〇分ほど歩くと大覚寺（だいかくじ）がある。宗祖は弘法大師

小倉山。現在では大堰川を挟んだ対岸の山を嵐山（写真左）というが、かつては両方をまとめて小倉山と呼んだ。標高296メートル ▶右京区嵯峨亀ノ尾町

・空海、開基は嵯峨天皇だ。在位の間から譲位後の居所としてつくっておく建物を後院というが、大覚寺の前身は離宮嵯峨院。嵯峨天皇が賀美能親王と呼ばれた頃に建立した後院だ。天皇に即位した大同四年（八〇九）年には完成していたと見られる。

　嵯峨天皇こそ、その名が示すとおり嵯峨野を開発した人物だ。名付けたのも嵯峨天皇で、唐の都・長安（現在の陝西省）の嵯峨山にちなんだとも伝えられる。

　延暦一三年（七九四）の平安遷都を実行したのは父・桓武天皇。在位中は奈良への再遷都をもくろむ勢力との戦いの連続だった。次の天皇は兄・平城天皇。奈

良の勢力との結び付きが強く、父・桓武天皇の意に反し、奈良へ都を戻そうとした。平城天皇は嵯峨天皇へ譲位した後、奈良遷都の命を下す。嵯峨天皇はここに戦いを挑む。平安京維持を目指し、のちの征夷大将軍・坂上田村麻呂を用いて兄・上皇を制圧した。ゆえに平安京の事実上の始まりは、嵯峨天皇の世からともいえる。

嵯峨天皇の治世は安定していた。嵯峨院、冷泉院（中京区竹屋町通堀川西入に跡を示す石碑がある）の二カ所の後院を造立したことからも、その力の大きさがわかる。嵯峨天皇の正式な後院は冷泉院だったが、嵯峨院も離宮とみなされ、皇后とともに晩年を過ごした。嵯峨院を寺院としたのは、嵯峨天皇の皇女・正子内親王。淳和天皇の第二皇子である恒貞親王を開山とした。貞観一八年（八七六）のことだ。

その後、大覚寺は延元元年（一三三六）に火災に見舞われ、大半の堂宇を失ってしまうが、嵯峨天皇の時代のものが現在も少し残っている。一つは大沢池。日本最古の人工の林泉で、唐の洞庭湖をモチーフにしたという。楓と桜が交互に植えられており、いつ訪れても美しい。

もう一つは、名古曽の滝の跡。大沢池の北にあり、『今昔物語集』によれば、平安初期の画家・百済河成によるもの。現在のものは復元されたものだ。藤原公任の有

大沢池。毎年、中秋には大沢池に船を浮かべ月を眺める「観月の夕べ」が開催されている。この催しは嵯峨天皇が始めたとされる ▶市バス、京都バス「大覚寺」下車すぐ／右京区嵯峨大沢町4

名な和歌「滝の音は絶えて久しくなりぬれど　名こそ流れてなほ聞こえけれ」にも詠まれている。公任は平安中期の公卿なので、その頃にはすでに枯れていたようだ。

源融の山荘だった「清涼寺」

大覚寺から南の方角へおよそ一〇分歩くと、嵯峨釈迦堂と親しまれる清涼寺（せいりょうじ）がある。異国情緒漂う「三国伝来の釈迦如来」（国宝）を所蔵することでも有名な寺だ。ここは嵯峨院の一部で、『源氏物語』に登場する光源氏のモデルともいわれる源融（みなもとのとおる）の山荘・棲霞観（せいかかん）があった場所だ。

融は嵯峨天皇の第八皇子。天皇の寵愛を

清凉寺。浄土宗の寺。「光源氏移し顔」ともいわれる国宝の阿弥陀如来像などを収蔵する霊宝館は、4〜5月、10〜11月に特別公開される ▶JR山陰本線「嵯峨嵐山駅」より徒歩15分／右京区嵯峨釈迦堂藤ノ木町46

受けていた融の別荘でのその優雅な暮らしぶりは、『源氏物語』から想像してほしい。管弦の調べを聞きながらの宴や船遊びなどが夜ごと行なわれていたのだろう。

棲霞観は寛平七年（八九五）の融の死後、その菩提を弔うため、棲霞寺となった。本堂東側の阿弥陀堂がそのなごり。融のようにハンサムな阿弥陀如来が安置されている。また、境内には融の墓として宝篋印塔（ほうきょういんとう）も建てられている。

さらに清凉寺から西に歩くと立派な山門の寺がある。二尊院（にそんいん）だ。釈迦如来と阿弥陀如来がまるで双子のように並んでまつられていることからこう呼ばれるが、正式には

天龍寺の曹源池庭園。幾度も火災に遭ってきた天龍寺だが、庭園は創建当時のままを保っている ▶京福電鉄嵐山本線「嵐山」駅下車すぐ／右京区嵯峨天龍寺芒ノ馬場町68

小倉山二尊教院華臺寺という。嵯峨天皇の勅願で、最澄の弟子・慈覚大師を開基として建立したもので、こちらは最初から寺として建てられた。

華々しい亀山殿跡に立つ「天龍寺」

京福電鉄嵐山本線の嵐山駅前に立つ天龍寺は足利尊氏の創建。夢窓疎石が開山だ。ここも嵯峨院が関係している。かつて嵯峨天皇の皇后が開いた禅寺・檀林寺だった場所で、その後、建長七年（一二五五）に後嵯峨上皇が仙洞御所「亀山殿」を、さらにその皇子・亀山上皇が仮御所を造営している。この亀山殿は後嵯峨上皇の派手好きの性格もあって、たいへん美しいことで知られていた。対岸の嵐山も敷地としており、後嵯峨上皇は景色をさらに趣あるものにすべく、ここに奈良・吉野山の桜を移植。嵐山が桜の名所になったのは鎌倉時代からといえよう。見事な景観を得た亀山殿は、そのまま亀山上皇に受け継がれた。その美しさに目を付けたのが尊氏、というわけだ。

天龍寺の作庭を手がけたのは、開山・夢窓疎石。僧侶であるだけでなく、寺の造営費用の捻出のために中国へ貿易船を出すというアイデアを出したり、数々の庭園をデザインしたりと多才な人物として知られる。天龍寺の庭園は「曹源池庭園（そうげんちていえん）」と呼ばれる池泉回遊式庭園で、池の手前の低地から嵐山までのせり上がる地形を生かしている。嵐山を借景とし、奥行きのある見事な庭園だ。池は人工だが自然と調和を図っており、その風景を見ていると大沢池を思わせる。嵯峨天皇が嵯峨野を発展させてからおよそ四〇〇年、平安京を確固たるものにした天皇に自らをなぞらえて、後嵯峨天皇も亀山天皇も、そして足利尊氏も同じ景色をわが物にしようとしたのかもしれない。

満月の渡っていく橋「渡月橋」

天龍寺を出て、川のほうへ向かおう。嵐山のシンボルの一つ、渡月橋（とげつきょう）が架かって

渡月橋。現在のものは昭和9年（1934）のもの。景観に配慮して弧を描かず、ほぼまっすぐに設計されている ▶京福電鉄嵐山本線「嵐山」駅より徒歩約5分／右京区嵯峨天龍寺芒ノ馬場町

いる。この橋から上流が大堰（おおい）川、下流が桂川と呼ばれる。渡月橋という名は亀山上皇が付けた。満月の夜、この地で船遊びをしていた上皇が船上から橋を眺めて「くまなき月の渡るに似る」、満月が橋を渡っていくようだといったことから、その名が付けられたと伝わっている。後嵯峨上皇による桜の移植と渡月橋。鎌倉時代には、現在の嵐山の風景はできあがっていたことがわかる。

渡月橋が架けられたのがいつかは定かでないが、承和年間（八三四〜八四八）に弘法大師の弟子・道昌（どうしょう）が大堰川の修復をした際に架けたという説がある。現在の渡月橋は長さ約一五五メートル。道

昌の時代は今よりも上流に架かっていたとされるが、一〇〇メートルを超える長い橋を架けることはたやすいことではない。

じつは、道昌の出自は秦氏。五世紀頃に日本に来た渡来人の子孫だ。秦氏は土木や建築、灌漑、機織りなど、日本に多くの技術をもたらした。機織りの「はた」は秦氏に由来するともいわれる。秦氏は平安時代以前から嵐山地域で暮らしており、氾濫をくり返す大堰川に水量調節のための堰も建造した。現在、渡月橋から一〇〇メートル上流にある葛野大堰の原型となったもので、秦氏の時代はもっと大きかったといわれる。

聖徳太子が渡した仏像をまつる「広隆寺」

秦氏の氏寺が同じ右京区にある。彫刻の部の国宝第一号、弥勒菩薩半跏思惟像を所蔵することで知られる広隆寺だ。広隆寺がある地域は太秦といい、秦氏にちなんだこの地名が今も生きている。ちなみに太秦という地名は大阪府寝屋川市にもあり、こちらも秦氏にルーツがある。

広隆寺の創建は平安京ができる以前の七世紀前半。聖徳太子（厩戸王）の側近として重用された秦河勝が、聖徳太子から仏像を二尊渡され、それをまつるために

「蜂岡寺」を創建したと『日本書紀』に記されている。この蜂岡寺が広隆寺だ。

　渡月橋を架けたとされる道昌は広隆寺の別当を務めており、渡月橋のたもとにある法輪寺も再興している。秦氏と嵯峨野との関わりは嵯峨天皇の時代にも見られる。JR山陰本線嵯峨嵐山駅から大覚寺に向かう途中にある古墳群の一つに「狐塚古墳」があるが、この古墳が秦氏のものだという説もある。また『続日本紀』によれば、嵯峨天皇の乳母は「大秦公忌寸浜刀自女」といい、秦氏の一族だ。

　先にも述べたように秦氏は、土木や建築、灌漑など、様々な高度の技術を有していた。嵯峨天皇の時代にすでに天皇の近くに一族がいたとすれば、その技術力を発揮していたと考えられる。

　平安時代、西方極楽浄土の方向に鎮座した美しく雄大な小倉山に想いをはせた嵯峨天皇は、すでにその地に暮らしていた秦氏の力を借りながら、嵯峨野の地を発展させたと考えられる。秦氏についてはわかっていない部分も多いが、葛野大堰を築いたことは確かだ。もし彼らがいなかったら、現在の嵐山は違った風景になっていたかもしれない。つまり、現在の嵯峨野、そして嵐山の景観には秦氏の存在が欠かせなかったといえるのではないだろうか。

平安時代後期

院政コース——白河院址、法勝寺跡、六勝寺のこみち、得長寿院跡など

護国を願い、京の中心を離れて天皇権力の復権を狙った副都心

東大路通
白川北殿址の碑
GOAL
丸太町通
神宮丸太町駅
白川北殿跡
得長寿院跡の石碑
平安神宮
白川南殿跡
尊勝寺跡
得長寿院跡
ローム
シアター京都
京阪鴨東線
鴨川
白川南殿跡
尊勝寺跡の石碑
二条通
延勝寺跡の石碑
延勝寺跡
京都国立近代美術館
神宮道
仁王門通
MEMO
疏水のない平地を
想像して歩こう
成勝寺跡の石碑
成勝寺跡
三条京阪駅
三条通
三条駅
地下鉄東西線
東山駅
MEMO
六勝寺のなごりを残すのは
石碑と町名くらい

貴族階級に好まれた「白河」

平安時代初期の白河も、今と同じく風光明媚な場所だった。平安京の中心地であった大内裏から東へ三キロメートル以上離れた白河は、嵯峨や宇治とともに貴族階級に好まれ、九世紀末頃には貴族の別荘や寺院などが建てられるようになっていた。

その一つが天安二年（八五八）に皇族以外で初めて摂政の地位に就いた藤原良房の山荘「白河院」。現在は同じ名を冠した豪奢な和風旅館になっており、その入口に跡地であることを示す石碑が建てられている。

この白河院はその後代々藤原氏に引き継がれており、道長はこの場所でしばしば花見の宴を催していたようだ。しかし、承保二年（一〇七五）、道長の孫にあたる藤原師実の代で、ときの天皇、白河天皇に献上。白河天皇は白河院の跡地に巨大寺院を建立した。これを契機に白河は大きく姿を変える。

八一メートルの塔をもつ「法勝寺」

その巨大寺院の名は法勝寺。現在、寺の姿はなく、寺域の南半分は京都市動物園

白河院址。現在、背後には「京都 白河院」という数寄屋づくりの立派な宿が立つ。石碑は宿の敷地内にある ▶市営地下鉄東西線「蹴上」駅より徒歩約10分／左京区岡崎法勝寺町16

になっている。約二五〇メートル四方の広さだったと推定される広大な境内は、奈良・東大寺のような毘盧遮那仏を安置したといわれる金堂をはじめ、講堂、五大堂、阿弥陀堂など多数の堂宇を配した堂々たる伽藍だった。とくに中心的な建物である金堂は東大寺の大仏殿に次ぐ大きさで、延暦寺や東寺（教王護国寺）、仁和寺、三井寺（園城寺）、興福寺などの大寺院から高僧たちが集結。上皇を迎えて国家鎮護を祈る盛大な仏事が行なわれていたという。

法勝寺には、白河天皇の権力の象徴ともいえる塔があった。金堂南側につくられた園池の中島に建てられた八角九重塔だ。高さは推定八一メートル。鮮やかな朱色で九重、さらに各層は八角形という奇抜なデザイン。平成二二年（二〇一〇）の調査で地盤改良の痕跡も発見されている。二〇代の天皇が当時の土木建築技術を結集して建立した、燦爛たるシンボルタワーだ。八角九重塔が立っていたのは現在の京都市動物園の観覧車の辺り。観覧車の高さが約一二メートルだから、八角九重塔はその七倍近くの高さがあったことになる。

院の権力を具体化した「六勝寺」

京都市動物園の南を走る仁王門通を琵琶湖疏水に沿って西へ歩くと「六勝寺のこみち」と刻まれた石碑がある。院政期、白河地域にはたくさんの寺院が建立されたが、そのうち天皇や皇后の発願で建立された六つの寺院のことを六勝寺という。先述の法勝寺を筆頭に尊勝寺、最勝寺、円勝寺、成勝寺、延勝寺の総称で、いずれも「勝」の字が付くことからこう呼ばれた。法勝寺同様、町名と石碑が残るだけになっており、その姿はもうないが、石碑を巡りながら院政期の様子を想像してみたい。

「六勝寺のこみち」の石碑から北へ。京都市美術館*の辺りには鳥羽天皇の皇后・待賢門院の御願寺である円勝寺があった。大治三年（一一二八）の建立で、三つの塔が

＊2019年中に京都市京セラ美術館としてリニューアルオープン予定。

法勝寺の模型。京都市動物園内の跡地には、発掘調査の結果を解説した掲示も設置されている ▶市営地下鉄東西線「蹴上」駅より徒歩約5分／左京区岡崎法勝寺町

一列に並ぶ壮麗な寺だったという。美術館の北側に石碑がある。

その西側、京都府立図書館の辺りには崇徳天皇の御願寺・成勝寺があった。保延五年（一一三九）の建立。崇徳天皇は鳥羽天皇と待賢門院の子で、保元の乱で讃岐（現在の香川県）へ流罪となった人物。その後、怨霊となって京都の町にたたりをもたらしたというおどろおどろしい伝説のもち主だ。

そして、二条通を挟んで向かい側、岡崎公園グラウンド一帯は、元永元年（一一一八）に鳥羽天皇の発願で建立された最勝寺の跡地。円勝寺と成勝寺を合わせたくらいの広さがあり、鳥羽天皇の権力の大きさを感じさせる。最勝寺跡の西側は、現在ロームシアター京都という劇場が建っている。この場所には、堀河天皇の発願で建てられた尊勝寺があった。六勝寺のなかで最も発掘調査が進んでおり、当時多く建立された九体阿弥陀堂もあったことがわかっている。そして、尊勝寺跡の向かい側、京都勧業館「みやこめっせ」の辺りには、六勝寺で最後に建立された延勝寺があった。発願は近衛天皇で、久安五年（一一四九）に落慶。近衛帝はわずか三歳で即位しており、実権は父・鳥羽上皇が握っていた。寺の建立を担当したのは平清盛の父・忠盛（ただもり）だ。

これらの六勝寺の造営費用や物資は、地方の受領（ずりょう）からの寄進だった。寺院の大きさや豪華さは、皇族の権力そのものだったともいえる。

もう一つの三十三間堂「得長寿院」

先の尊勝寺同様、この鳥羽上皇・平忠盛ペアで建立された「三十三間堂」が六勝寺の隣には存在した。三十三間堂といえば、現在東山七条に立つ蓮華王院（れんげおういん）の本堂のことだが、同じように間口が三十三間（約一二〇メートル）の千体観音堂がある「得長寿院（とくちょうじゅいん）」という寺があったのだ。これは北面の武士として白河・鳥羽両院政を武力で支

六勝寺のこみちの石碑。現在は六勝寺の跡を示すものは何もなく、周辺に石碑や説明板が残る ▶市バス「岡崎公園美術館・平安神宮前」下車すぐ／左京区岡崎円勝寺町

寺号	発願者	完成年
法勝寺	第72代 白河天皇	1077年
尊勝寺	第73代 堀河天皇	1102年
最勝寺	第74代 鳥羽天皇	1118年
円勝寺	待賢門院（鳥羽天皇の中宮）	1128年
成勝寺	第75代 崇徳天皇	1139年
延勝寺	第76代 近衛天皇	1149年

えた忠盛が、ボディーガードの地位からのし上がろうと寄進したもの。結果、鳥羽上皇はたいへん感激し、忠盛は昇殿（しょうでん）を許されたという。

ちなみに、蓮華王院は鳥羽天皇の皇子・後白河上皇の発願で平清盛の建立。両者は親子で同じことをしたのだ。得長寿院跡の石碑は琵琶湖疏水沿いにある。柳が風に揺れ、デラックスな三十三間堂があったなどとは思えないようなのどかな場所だ。

得長寿院跡の石碑から、さらに西へ進むと「白河南殿跡」がある。ここは白河上皇の院御所。多くの院御所には折々の宴のための池などが整備されており、「白河南殿」にも泉があったことから「白河泉殿（いずみどの）」とも呼ばれた。元永元年（一一一八）年には北側に院御所をもう一つ造営。しかし、白河上皇は院政を開始してから一〇年も経過してから建てたこれらの院御所ではあまり重要な政務は行なっておらず、継いだ鳥羽上皇が一部の政務を執り行なっていたようだ。

白河院政の栄華は田畑の底に

法勝寺をはじめとする六勝寺と院御所が整備された範囲は、東西一・五キロメートル、南北一キロメートルにもわたり、巨大寺院群として栄華を極め、また平安京の副都心として政治的にも機能した。白河天皇はなぜこの地を選んだのだろうか。

まず、その立地だ。当時、平安京から東国へ向かうには、二条大路から現在の三条通にある粟田口（あわたぐち）を経て近江（現在の滋賀県）へ入っていたが、白河はそのルート上にある。そして地形。白河は広々とした扇状地であるうえに、北東に向かってゆるやかにせり上がっている。ここに白河天皇はひな壇状に寺院や院御所を整備した。区画は平安京をなぞっている。北東にあった八角九重塔は平安京の中心のほうからも見渡せただろうし、都と東国を行き来する人々の目にも真っ先にとまる。仏教を厚く信仰していたという白河天皇は、都の中心からも見渡せる交通の要衝に理想とする仏教都市を造営し、仏の力によって国を治めようとしたのかもしれない。

その後、白河天皇が始めた院政は武士の台頭によってしだいに衰退。室町時代の末に起こった応仁・文明の乱（一四六七〜七七年）でさらに荒廃し、やがて田畑が広がるようになった。岡崎がもう一度脚光を浴びるのは、明治に入ってから。滋賀県大津市から京都市内への人工水路・琵琶湖疏水計画がもち上がるまで、岡崎は「郊外」に位置付けられた農村地帯だった。琵琶湖疏水が開通して長い年月がたった現在、岡崎は京都屈指の観光地として、国内外から多くの人が日々訪れている。

白河北殿跡。京都大学熊野寮内にある。北殿は保元の乱（1156年）に崇徳上皇側の拠点となり、敵の襲来に遭い焼失した ▶市バス「熊野神社前」下車すぐ／左京区丸太町通東大路西入南側

明治時代

衰退の危機にあった京都の近代化を促した琵琶湖疏水計画

琵琶湖疏水コース——ねじりまんぽ、蹴上インクライン、水路閣、哲学の道など

大政奉還の翌年、江戸は東京と改められ、年号も明治となる。新政府のなかで巻き起こる遷都論のあおりを受け、首都の座を明け渡すことになった京都。その後は惨憺(さんたん)たるものだった。人口は激減。商工業も衰退の一途をたどっていた。そんな京都の起死回生を狙ってもち上がった計画とは――。

レンガのトンネル「ねじりまんぽ」

一〇〇〇年以上も都だった京都だが、明治に入ってその地位を喪失し人口も減少していた。そんな京都の再起をかけて計画されたのが、人工運河・琵琶湖疏水の建設だ。第三代京都府知事・北垣国道（きたがきくにみち）の発案で、北垣は琵琶湖から水を引き、運輸、動力源、諸用水に利用しようと考えた。工事は明治一八年（一八八五）にスタート。九年後に大津市観音寺から京都市伏見区までを結ぶ、全長約二〇キロメートルの第一琵琶湖疏水が完成した。

当時の日本では、大掛かりな土木工事は外国人技師の設計・監督のもとで行なうのが通例だった。しかし、この琵琶湖疏水事業は、日本で初めて日本人技師の設計・監督のもと、日本人によって行なわれた。指揮監督を任命されたのは田邉朔郎（たなべさくろう）。工部大学校（現在の東京大学工学部）在学中に琵琶湖疏水工事の計画について論文を著した人物で、弱冠二三歳にして主任技師に抜擢（ばってき）された。

工事に使われた大量のレンガは国産だった。京都府は琵琶湖疏水建設のためのレンガ工場を建設し、工事期間中に約一四〇〇万個のレンガを供給した。地下鉄御陵（みささぎ）駅の

琵琶湖疏水のルート図。第一疏水は伏見の堀詰までの全線が明治 27 年（1894）に完成。疏水分線は哲学の道の横を通り、堀川まで達する。第二疏水は全線トンネルで明治45年（1912）に完成した

出入口に工場跡の碑が建てられている。このメイド・イン・キョウトのレンガを見ることができる場所の一つが「ねじりまんぽ」だ。市営地下鉄東西線蹴上駅から地上へ上がってすぐのところにあるレンガづくりのトンネルで、琵琶湖疏水建設の一環でつくられたものだ。「まんぽ」とは「間歩」と書き、線路をくぐるトンネルのこと。上からの圧力に対して強度を上げるために、レンガを螺旋状に積んであることからそう呼ばれている。

船を運んだ「蹴上インクライン」

ねじりまんぽの南北には北垣の筆による扁額が掲げられている。南側に「雄観

©京都岡崎魅力づくり推進協議会

©まいまい京都

ねじりまんぽの外観と内部。南北それぞれにかかる扁額は北垣の揮毫（きごう）。付近でつくられている粟田焼の陶板に書かれている ▶市営地下鉄東西線「蹴上」駅すぐ／左京区南禅寺福地町

奇想（きそう）」、北側に「陽氣發處（ようきをはっするところ）」。「見事な眺めと奇抜な発想」「晴れやかな気分の発するところ」というような意味だろうが（解釈には諸説あり）、奇抜な発想力を感じるのが、ねじりまんぽから仁王門通沿いに見ることができる「蹴上インクライン」だ。

この設備は琵琶湖疏水のクライマックス的存在だといえる。蹴上舟溜（けあげふなだまり）から南禅寺舟溜までの全長約五八二メートル、高低差約三六メートルの斜面に鉄製のレールを敷設。その上にワイヤーでつながれた台車を載せ、ロープウェイの要領で昇降させるものだ。台車には物資を積んだ舟が載せられていた。

昭和15年（1940）頃のインクライン。南禅寺入口から見上げる。現在では桜の名所として知られ、春には多くの人が訪れる ▶市営地下鉄東西線「蹴上」駅より徒歩約3分／左京区粟田口山下町〜南禅寺草川町

琵琶湖の水は大津閘門（こうもん）から引き込まれ、三井寺の立つ長等山（ながらやま）に掘られたトンネルなどを抜け京都市内へ入るのだが、最後の急勾配は舟では下れないため台車に舟を載せて上げ下ろしをするという仕掛けを施した。

明治三十六年（一九〇三）に発刊された『都名所写真帖』という写真集の「インクライン」のページに添えられた文章は「船頭なくして舟山に上るの奇観は此（こ）処（こ）に見ることを得べし。物質的文明の進歩驚くに堪へたり。疏水工事中最（も）人目を惹（ひ）くもの亦之（またこ）れなり」。船頭もなく山を登ったり下りたりする舟に、人々は京都の近代化を感じたことだろう。

南禅寺境内の水路閣。全長約93メートル、幅約4メートル、高さ約9メートル。国の史跡に指定されている ▶市営地下鉄東西線「蹴上」駅より徒歩約10分／左京区南禅寺福地町、南禅寺内

名刹・南禅寺を通る「水路閣」

琵琶湖疏水建設工事に関して深く知りたければ、南禅寺前の交差点を北へ少し進んだところに立つ琵琶湖疏水記念館へ。田邉の卒業論文の草稿から現場のスケッチ、工事に使われた道具の数々まで所蔵している。

記念館の前から東へ歩くと、南禅寺の広大な境内。さらに奥へ進むとアーチの美しい橋が見える。哲学の道の方面へ流れる琵琶湖疏水の分流に架かる「水路閣」と呼ばれる水路橋だ。社寺の多い京都といえども、南禅寺は五山の上の寺格。ルート上仕方がないとはいえ、別格として

あがめられていた禅寺の境内に建築するというのはいかがなものか。

論争の末、伝統より近代化の勝利というべきか、疏水計画は続行。田邉は景観の保全に努め、ローマの水道橋を手本に水路閣をデザインしたという。南禅寺は江戸幕府と強い結び付きをもっていた。となると明治新政府はあまりよく思わない。明治初頭の神仏分離令、社寺上知令などによって南禅寺は寺領のうち九万坪を召し上げられており、立場が弱まっていたのか、最終的に京都府の意向を受け入れている。

疏水を引き込んだ「無鄰菴」

南禅寺界隈（かいわい）を歩くと、悠々とした日本建築が立ち並んでいるのを見ることができる。この辺りは先の廃仏毀釈以前にいずれも南禅寺の寺領だった場所だ。府はこの元南禅寺の敷地を工場用地にすると考えており、水車による動力が必要とされると見込んでいた。しかし、そうはならなかった。第一琵琶湖疏水の鴨川までの経路が完成した翌年、明治二四年（一八九一）に蹴上発電所が完成し送電を開始した。送電線があれば、企業主たちはその近くに工場をもつ必要はなくなる。結果として図らずも南禅寺一帯の森林が守られることになった。

東山の見事な稜線と繊細な疏水の流れ。この美しいコラボレーションに目を付けたのは明治の政財界の要人たちだった。現在でも十五の邸宅が残されており「南禅寺界隈別荘庭園群」と呼ばれている。その一つが無鄰菴だ。山縣有朋の別邸で、日露戦争の際にその名を冠した無鄰菴会議が行なわれた場所だ。山縣の故郷をモチーフにしたという池泉回遊式の庭園は、明治を代表する作庭家の七代目小川治兵衛（植治）によるもの。東山の山並みを借景とし、庭園内に疏水を引き込んでいる。先の南禅寺界隈別荘庭園群の庭園の大半を植治が手がけており、いずれも疏水を引き込んでいる。

水路閣の分線「哲学の道」

熊野若王子神社から銀閣寺の麓へと続く有名な「哲学の道」。哲学者・西田幾太郎が思索にふけったことからそう呼ばれるが、この哲学の道沿いの川も琵琶湖疏水の一部。水路閣から流れている分線だ。

琵琶湖疏水を建設した田邉は水力利用の研究のために渡米。そこで見た水力発電を琵琶湖疏水で実現する。日本初の水力発電による電力が注目されたのは、明治二八年（一八九五）、岡崎で開かれた第四回内国勧業博覧会での電車の運行でのことだ。来場者を運ぶ手段として大活躍した。この電車は、市営電車として昭和五三年（一九七八）まで市民の足としての役割を担った後、廃止された。その線路に用いられていた御影石が今、哲学の道には敷かれている。

水路閣や哲学の道、インクラインなど、琵琶湖疏水に関連する名所を眺めるといずれもレトロで美しい。しかし、その建設はたいへん苦しいものだった。一地方のプロジェクトゆえにまず財源に乏しかった。メイド・イン・ジャパンといえば聞こえはいいが、外国の資本に頼れなかったという見方もできよう。トンネルを掘ろうにも湧き水に悩まされ、たびたび頓挫。たび重なる土砂崩れの際には、田邉自らが救助に走ったという。人員も不足し、囚人までをも動員。また素人（しろうと）集団だったために技術力が足りず、昼は掘削、夜は勉強という、まさに寝る間も惜しんで建設されたのが琵琶湖疏水だ。蹴上インクラインの東端に蹴上疏水公園があり、十七人の殉職者の慰霊碑が立っている。

福沢諭吉（ふくざわゆきち）は琵琶湖疏水建設に反対だったという。疏水なんてなんの役にも立たぬ。そんな金があるのなら、古文化財の保存に回せ――。だが、琵琶湖疏水は間違いなく京都に近代化をもたらした。

蹴上（けあげ）インクライン	左京区粟田口山下町～南禅寺草川町
建仁寺（けんにんじ）	東山区大和大路通四条下ル4丁目小松原584
御香宮神社（ごこうのみやじんじゃ）	伏見区御香宮門前町174
五条大橋（ごじょうおおはし）	五条通
西福寺（さいふくじ）	東山区松原通大和大路東入2丁目轆轤町81
史蹟西寺阯（しせきさいじあと）	南区唐橋西寺町
下鴨神社（しもがもじんじゃ）（加茂御祖神社（かもみおやじんじゃ））	左京区下鴨泉川町59
相国寺（しょうこくじ）	上京区今出川通烏丸東入相国寺門前町
正面通（しょうめんどおり）	東山区本町
白河院址（しらかわいんし）	左京区岡崎法勝寺町16
白河北殿跡（しらかわきたどのあと）	左京区丸太町通東大路西入南側
神泉苑（しんせんえん）	中京区御池通神泉苑町東入ル門前町166
酢屋（すや）	中京区河原町三条下ル龍馬通
清凉寺（せいりょうじ）	右京区嵯峨釈迦堂藤ノ木町46

■主なスポット一覧

一力亭（いちりきてい）	東山区祇園町南側569
宇治上神社（うじがみじんじゃ）	宇治市宇治山田59
宇治陵（うじのみささぎ）	宇治市木幡周辺
小倉山（おぐらやま）	右京区嵯峨亀ノ尾町
上賀茂神社（かみがもじんじゃ）(加茂別雷神社（かもわけいかづちじんじゃ）)	北区上賀茂本山339
上御霊神社（かみごりょうじんじゃ）	上京区上御霊前通烏丸東入上御霊竪町495
観月橋（かんげつきょう）	伏見区豊後橋町付近
北野天満宮（きたのてんまんぐう）	上京区馬喰町
貴船神社（きふねじんじゃ）	鞍馬貴船町180
京都御苑（きょうとぎょえん）	上京区京都御苑
京都御所（きょうとごしょ）	上京区京都御苑3
京都市平安創生館（きょうとしへいあんそうせいかん）	中京区聚楽廻松下町9-2
清水寺（きよみずでら）	東山区清水1-294

法勝寺跡（ほっしょうじあと）	左京区岡崎法勝寺町
円山公園（まるやまこうえん）	東山区円山町
壬生寺（みぶでら）	中京区壬生梛ノ宮町31
三室戸寺（みむろとじ）	宇治市菟道滋賀谷21
八木邸（やぎてい）	中京区壬生梛ノ宮町24
八坂神社（やさかじんじゃ）	東山区祇園町北側625
羅城門遺址（らじょうもんいし）	南区唐橋羅城門町
六勝寺のこみち（りくしょうじのこみち）	左京区岡崎円勝寺町
蓮華王院（れんげおういん）	東山区三十三間堂廻り町657
六道珍皇寺（ろくどうちんこうじ）	東山区大和大路通四条下ル4丁目小松原595
六波羅蜜寺（ろくはらみつじ）	東山区五条通大和大路上ル東
輪違屋（わちがいや）	下京区西新屋敷中之町114

大覚寺	だいかくじ	右京区嵯峨大沢町4
長州藩邸跡	ちょうしゅうはんていあと	中京区一之船入町
天龍寺	てんりゅうじ	右京区嵯峨天龍寺芒ノ馬場町68
東寺	とうじ	南区九条町1
渡月橋	とげつきょう	右京区嵯峨天龍寺芒ノ馬場町
南禅寺	なんぜんじ	左京区南禅寺福地町
二条城	にじょうじょう	京都市中京区二条堀川西入二条城町
ねじりまんぽ		左京区南禅寺福地町
乃木神社	のぎじんじゃ	伏見区桃山町板倉周防32
蛤御門	はまぐりごもん	上京区烏丸通下長者町上ル
平等院	びょうどういん	宇治市宇治蓮華116
伏見銀座跡	ふしみぎんざあと	伏見区銀座町1
伏見城	ふしみじょう	伏見区桃山大蔵45
平安宮豊楽院跡	へいあんきゅうぶらくいんあと	中京区聚楽廻中町47-5

■参考文献

『京都 地名の由来を歩く』谷川彰英 著（KKベストセラーズ）
『大阪「地理・地名・地図」の謎 意外と知らない〝上方〟の歴史を読み解く！』谷川彰英 監修（実業之日本社）
『歴史群像シリーズ37 応仁の乱 日野富子の専断と戦国への序曲』編集部 編（学習研究社）
『京都時代MAP 安土桃山編』新創社 編（光村推古書院）
『図説 歴史で読み解く京都の地理』正井泰夫 監修（青春出版社）
『読む知る愉しむ 京都の歴史がわかる事典』五島邦治 編著（日本実業出版社）
『幕末京都 新選組と龍馬たち』川端洋之 著、中田昭 写真（光村推古書院）
『京都の江戸時代をあるく 秀吉の城から龍馬の寺田屋伝説まで』中村武生 著（文理閣）
『新選組記念館青木繁男 調べ・知り・聞いた秘話を語る！ 京都幕末おもしろばなし百話』青木繁男 著（ユニプラン）
『京都歴史散歩』成美堂出版 編（成美堂出版）
『戦国時代前夜 応仁の乱がすごくよくわかる本』水野大樹 著（実業之日本社）
『京都の凸凹を歩く 高低差に隠された古都の秘密』梅林秀行 著（青幻舎）
『京都の歴史を歩く』小林丈広、高木博志、三枝暁子 著（岩波書店）
『京都・奈良 古代史を歩く〈地形〉と〈地理〉でたどる古都の謎』（洋泉社）
『地図に秘められた「京都」歴史の謎』森谷尅久 監修（実業之日本社）
『中村武生とあるく洛中洛外』佐藤知幸 著、京都新聞社 編、中村武生 監修（京都新聞企画事業）
『新選組大事典』新人物往来社 編（新人物往来社）
『新選組史跡事典 西日本編』新人物往来社 編（新人物往来社）
『京都の歴史を足元からさぐる 洛北・上京・山科の巻』森浩一 著（学生社）
『よもやまばなし 琵琶湖疏水』浅見素石 著（サンライズ出版）
『京都府の百年 県民百年史26』井ヶ田良治・原田久美子 著（山川出版社）
『近代京都を生きた人々 明治人物誌』杉田博明 著（京都書院）

『平清盛 院政と京の変革』財団法人京都市埋蔵文化財研究所 監修（ユニプラン）
『地図で読む 京都・岡崎年代史』京都岡崎魅力づくり推進協議会 編（京都岡崎魅力づくり推進協議会）
『京都洋館ウォッチング』井上章一 著（新潮社）
『神話のおへそ『古語拾遺』編』神社本庁 監修（扶桑社）
『日本の聖地99の謎』歴史ミステリー研究会 著（彩図社）
『京都の「ご利益」徹底ガイド』丘眞奈美 著（PHP研究所）
『新撰姓氏録と上代氏族史』太田亮 著（教学局）
『地形で読み解く古代史』関裕二 著（KKベストセラーズ）
『地図で読む『古事記』『日本書紀』』武光誠 著（PHP研究所）
『こんなに面白かった「百人一首」』吉海直人 監修（PHP研究所）
『『源氏物語』の京都を歩く』槇野修 著、山折哲雄 監修（PHP研究所）
『京都 魅惑の町名 由来と謎をたずね歩く』高野澄 著（PHP研究所）
『足利尊氏 乱世の行動学』百瀬明治 著（PHP研究所）
『知れば行きたくなる！ 京都の「隠れ名所」』若村亮 著（実業之日本社）
『日本古代の神と霊』大江篤 著（臨川書店）
『図説 日本と世界の土木遺産』五十畑弘 著（秀和システム）
『都名所写真帖』西村七兵衛 編（法蔵館）
『京都』山田邦和 著（小峰書店）
『京のめぐりあい 水の都 京都』暮らす旅舎 編著（実業之日本社）
『京都滋賀 古代地名を歩く』吉田金彦 著（京都新聞社）
『新撰 京の魅力 歴史の京 洛西を歩く』高野澄 著、永野一晃 写真（淡交社）
※ほか多数の書籍、ホームページ、発掘調査報告書を参考にしています。

■スタッフ

構成・編集	株式会社クリエイティブ・スイート
執筆	目片雅絵、清塚あきこ、 長尾ようこ、桐野えい（c-s）
本文デザイン DTP	小河原 德（c-s）
地図作成	株式会社ウエイド、小河原 德（c-s）
カバー写真	『京大絵図』（国立国会図書館デジタルコレクション）

※地図に関して

12,22, 33, 34, 43, 44, 47, 54, 72, 82, 92, 102, 114, 124, 142, 145, 152, 162, 178, 186, 198, 208, 211ページの地図の３Ｄ地形図などは、カシミール３Ｄ（http://www.kashmir3d.com/）を使用して作成・加工したものです。

トレーシングペーパーの地図は国土地理院の地理院地図を使用しています。

谷川彰英 監修
(たにかわ　あきひで)
1945年、長野県松本市生まれ。筑波大学名誉教授。ノンフィクション作家。東京教育大学（現筑波大学）卒。同大学院博士課程修了。柳田国男研究で博士（教育学）の学位を取得。筑波大学教授、理事・副学長を歴任するも、退職と同時にノンフィクション作家に転身し、地名に関する多くの著書を刊行。NHK『日本人のおなまえっ！』など地名に関するテレビ番組に多数出演。代表的な著書に『京都 地名の由来を歩く』に始まる「地名の由来を歩く」シリーズ（ベスト新書）、『「六本木」には木が6本あったのか？』（朝日新書）などがある。日本地名研究所前所長。

宝島社新書

カラー版
重ね地図で読み解く京都1000年の歴史
（からーばん　かさねちずでよみとくきょうと1000ねんのれきし）

2018年6月23日　第1刷発行
2021年4月29日　第3刷発行

監　修　谷川彰英
発行人　蓮見清一
発行所　株式会社宝島社
〒102-8388 東京都千代田区一番町25番地
電話：編集　03-3239-0928
　　　営業　03-3234-4621
https://tkj.jp
印刷・製本　中央精版印刷株式会社

ISBN 978-4-8002-8302-3